浜矩子の
歴史に学ぶ
経済集中講義

Noriko Hama
浜矩子

集英社

浜矩子の歴史に学ぶ経済集中講義

目次

はじめに

ミステリー好きの皆さんへ　経済は決してあなたを裏切らない！

経済は難しい。経済は分からない。難しくて分からないから、経済はつまらない。そもそも、自分と経済は無関係。今、この本を立ち読みしてくださっているあなた、ひょっとして、そんな風に感じておいでですか？　難しくて分からなくてつまらない。だけど、やっぱり気にはなる。そうもお感じでしょうか？　得体が知れないけど、気になる存在。それが、あなたにとっての経済ですか？

もしそうでしたら、立ち読みはここでお止めいただき、どうか、この本とともにレジにお進みください。特に、あなたがミステリー好きの読書家でおいででしたら、迷わずレジにお進みください。我こそは、エコノミスト界の宮部みゆきなり……と筆者が大見得を切るのはあまりにも僭越《せんえつ》です。でも、筆者の宮部みゆき度はともかくとして、経済の世界が謎解きの妙味と、ファンタジーの醍醐味と、お伽話《とぎばなし》的奥深さに満ちていることは、間違いありません。そこには、それこそ宮部ワールド並みのサプライズやワクワク感がいっぱいです。

そもそも、経済活動は人間の営みです。ですから、そこは人間ドラマに満ちた世界なのです。我々は、みんなこの人間ドラマの主人公です。今、立ち読みからレジへの旅立ちに進もうとされているあなたは、どうやってここにおいでになりましたか？　電車やバスなら、運賃という対価を支払って、便利で快適（だったのであればいいですが）に移動するというサービスを購入されたわけです。これほど、正真正銘の経済活動があるでしょうか。

マイカーでおいでなら、そのお車のご購入に始まって今にいたるまで、実に多くの経済活動を営んでおいでです。自転車でも同じことです。徒歩でもそうです。犬が歩けば棒に当たりますが、人が歩けば靴が要ります。靴が減ります。歩道も少しずつはすり減っていきます。それらのことがすべて、新たな経済活動の引き金となるのです。

経済活動とは、あたかも池に投げ入れられる小石のごとしです。小さな一石が投じられると、そこからどんどん波紋が広がっていきますよね。経済の動きもそれと同じです。誰かが靴を履いて歩き出す。誰かが朝起きて顔を洗う。どこかの中央銀行が金利を上げる。どこかの国が借金を返せなくなる。大中小、様々な一石が、それぞれ様々な広がりと勢いを持つ波紋を作り出す。それら数多くの波紋が接触し、重なり合い、共振したり、打ち消し合ったりする。どの波紋がどの波紋にどう影響を及ぼしているのか。様々な波紋の集合体としての巨大波紋は、その一体どこまで広がるのか。どのような衝撃をもたらすのか。誰がどう巻き込まれるのか。その成り行きをじっと見つめながら、何がどうしてどうなるかを百発百中、謎解きする。そんな名探偵になりたくなっておいでのあなた、もうレジはすぐそこです。

でも、ひょっとしてまだお迷いですか？　１３００円という金額を拠出して、『浜矩子の歴史に学ぶ経済集中講義』を買うのか。それとも、次のお休みで旅行先の候補になっているバリ島について、ガイドブックを買うか。はたまた、そもそも本の購入は見送って、夕食の友となるワインのグレードをワンランク・アップする？　あるいは、明日以降の何かに備えて、やっぱり１３００円は取っておく？　考え出せば、選択肢は実にたくさんありますね。こういうのを、経済の世界では「財の選択問題」などという言い方をします。

どのような財の組み合わせがどのような満足を選択者にもたらすか。満足を最大化するための組み合わせは何か。そんな謎解きも経済学のテーマです。1冊の本と1本のワインの組み合わせがもたらす幸せ感を、2本のワインを確保した時の幸せ感と比べると、どっちがどうか。このような深淵な問いかけにも、経済名探偵は答えを出すことが出来るのです。

恋人募集中の皆さんへ　経済は必ずあなたを幸せにする！

さきほど、経済活動は人間の営みであり、そこには人間ドラマが満ちていると申し上げましたよね。ドラマにも色々あります。悲劇あり。喜劇あり。冒険物あり。ＳＦあり。大河あり。

朝ドラあり……。人間たちが織りなす経済ドラマには、それらのすべてが満載されている。そういえるでしょう。それは間違いありません。ですが、実をいえば、人間たちの経済ドラマは、その本質と根底において、何といっても、終わることのない大恋愛物語であるはずです。なぜなら、経済活動が人間の営みである以上、それが人間を不幸にするはずはないからです。

経済活動を営む生き物は、この地球広しといえども、人間しかいません。経済活動は人間による人間のための人間だけが携わる活動です。そこまで人間に固有で、人間と切っても切れない関係にある営みが、人間を幸せに出来ないというのは、誠に理屈に合わない話です。経済活動は人間を幸せに出来てこそ、経済活動なのです。その意味で、経済は難しくも何ともありません。この営みは、人間を幸せに出来ているか、出来ていないか。経済を考える時、我々に必要な判断尺度はこれだけです。多少とも人間を不幸にするような側面があるなら、それは経済活動ではない。経済活動は、常に我々に幸せを運んで来る理想の恋人でなければならない。この価値基準さえしっかりしていれば、我々は経済のすべてを完全にマスターしていると胸を張れます。ここが基本であり、本質です。

ただ、理想の恋人も、相手の仕打ちがひどければ、すねることはあります。変なおだてられ方をすれば、妙に享楽的になることもあります。相手のためを思うからこそ、敢《あ》えて過激な愛のムチを振るう場合もあります。あまりにも相手の裏切りがひど過ぎれば、無理心中による逆襲に出るかもしれません。経済活動がすねた時、発生するのがデフレです。経済活動が享楽的になれば、バブルが起こります。経済活動が愛のムチを振るう時、そこに出現するのが恐慌です。リベンジの無理心中にまで発展した時、恐慌は無限ループ化することになります。大恋愛物語は、かくのごとく波瀾万丈なのです。そして、要は人間次第です。恋人募集中のあなた、こんなドラマチックなパートナーとのスリリングなお付き合い、ワクワク感ありだと思われませんか？

経済合理性という言葉がありますよね。一見したところでは、いかにも血も涙もなさそうな言葉ですよね。あるいは、そのような言葉として一般に理解されていますよね。経済合理性が前面に出れば、義理人情は引っ込まざるを得ない。そんな風に思われる方が多いでしょう。でも、それは実は違います。経済活動が人間の営みであり、人間たちによる大恋愛ドラマなのであれば、経済合理性に適うというのは、すなわち人に優しく、人を尊び、人を幸せに出来るということなのです。経済合理性の第一要件は、人を幸せに出来ているかどうかです。この認識を、どうも我々はある時、どこかに置き忘れてきてしまったようです。どこで何がどう狂ったか。それを突き止めるためにも、やっぱり、１３００円は、『浜矩子の歴史に学ぶ経済集中講義』の購入に充てていただくのが、経済合理性に則した選択であるような気がします……。

２０１６年　９月

浜　矩子

第1講義

オリエンテーション

経済の謎はどう解く？

謎解き事例その一　こうなると、どうなる？

　さて、無事にレジを通過していただいたところで、早速、講義に入っていきたいと思います。「はじめに」の中でさかんに経済の世界は謎解きの世界だと申し上げましたよね。そこで、ここではまず、オリエンテーションを兼ねて、経済的謎解きとは実際にどんなものなのか、フワッとしたところをつかんでいただきたいと思います。入口ですから、あくまでも、フワッとざっくりという感じで参りましょう。その上で、この「紙上集中講義」の全体構成や進め方など、段取り的なことについても、オリエンテーションらしく少しご説明申し上げておきたいと思います。

　ある出来事が起こると、その結果として何がどうなるか。それが、見出しに掲げた「こうなると、どうなる？」問題です。例えば、「こうなると」の部分が「酒を飲み過ぎると」なら、「どうなる」の部分は「二日酔いになる」という風になるわけです。「こうなると」が「原稿の締め切りを守らないと」なら、「どうなる」は「編集者にご迷惑をかける」となります。「こうなると」が「掃除をサボると」なら、「どうなる」は「部屋が汚れる」。

経済の世界には、実に様々な「こうなると、どうなる？」問題が存在します。そして、その多くは、右に掲げた例のようにシンプルで単線的なものではありません。「こうなると」と「どうなる」の間の距離がとても長くて、下手をすれば途中で迷路に紛れ込んでしまって「どうなる」にたどり着けない場合があります。あるいは、全く正解とはかけ離れた「どうなる」にたどり着いてしまって、かえって謎が深まってしまう危険もあります。そのような落とし穴に決して落っこちない。それが経済名探偵の証です。

一例として、ここでは、筆者が巡り合った我が人生初の経済的「こうなると、どうなる？」問題をご紹介しておきたいと思います。

筆者は、親の仕事の関係で8歳から12歳までの4年半をイギリスで過ごしました。日本流にいえば中学1年生の1学期を終えたところで帰国し、2学期から東京都内の区立中学に通うことになりました。１９６０年代半ばのことです。

何しろ今から概《おおむ》ね半世紀前の話ですから、いわゆる「帰国子女」などという言葉さえ、辛うじてようやく使われ始めたばかり、という状況でした。グローバル化のグの字もなく、ヒトもモノもカネも、国境を越えるとなれば大騒ぎだったのです。多くの日本人は海外旅行に行ったこともなければ、外国人に接したこともない。日本は驚異的なスピードで先進国の仲間入りをしましたが、それでも、円の通貨価値でいえば、1ドル＝360円の時代です。海外に行きたいと思っても、金銭的なハードルはあまりに高過ぎました。そもそも、海外へのカネの持ち出しについても、制限が課せられていたのです。

こんな調子ですから、海外駐在員とその家族たちも、ひとたび日本を出てしまえば、よほどのことがない限り、任期を終えて帰国するまで、日本に帰ることはありませんでした。現地に日本料理店や日本人向けの食材屋さんがあるわけではない。日本人学校など、存在しない。国際電話をかけることなど、仕事でさえ滅多には出来ない。国際宅配便など姿も形もない。荷物のやり取りは船便が当たり前。衛星放送無し。もちろん電子メール無し。インターネット無し。海の向こうは本当に遠かった時代です。

そんな環境の中でイギリス生活にどっぷりつかり、すっかりビートルズ狂少女になっていた。そんな状態の筆者が、ある日突然、日本で近所の区立中学の教室に出現すれば、これはもう異星人到来です。ＥＴ状態ですね。あるいはエイリアン。筆者も同級生たちも、お互いに随分びっくりしました。それなりにイジメも受けたり、とんちんかんなことをやらかしたりしながら、1年も経てば、まぁ落ち着いた学校生活を送れるようになりました。

そんな中、ある日の社会科の授業の時です。筆者と経済的「こうなると、どうなる？」問題の初対面の場面がやってきました。先生が中学生も時事問題を考えようということで、「イギリス・ポンドの切り下げ」という直近の経済ニュースを話題に取り上げたのです。１９６７年

11月のポンド切り下げといえば、通貨の現代史上のなかなか大きな出来事ですが、ここでその辺りの重い話に突っ込んでいこうというのではありません。ひとまずは、軽～い気分でお付き合いください。

前述の通り、当時は1ドル＝360円時代でした。すべての通貨の価値がドルとの関係で固定されていたのです。ゴルフ風にいえば、各国の通貨にドルを基準としたハンディキャップが与えられていたのです。なぜ、ドルが基準になるのかというようなことも、後の講義で取り上げて参ります。各国は経済のゴルフコースにおいて、このハンディキャップを維持出来るようにプレーするよう心がける。当時の通貨関係はそんなルールの下で動いていたのです。そして、ある国の通貨に関するハンディキャップが実力に比して大き過ぎれば、それを減らせという圧力が他の国々からかかってくる。逆に、自国に与えられたハンディキャップが、実力との関係であまりにも小さ過ぎるとある国が思えば、ハンディを増やしてくれと申し出る。ざっくりいえば、そんな仕組みでした。

この仕組みの下で、1967年11月、イギリスが自国通貨ポンドの対ドル固定レートの切り下げ、つまりポンドに関する対ドル・ハンディキャップの上乗せを実施すると宣言したのです。自分のハンディを自分で勝手に変えていいのかとか、そういう細かいけれども重要な問題はもちろんあります。そういうところに、ここで疑問を持たれた方はとても優秀な受講生でいらっしゃいます。その辺についても、いずれ後ほど、ご一緒に考えて参りましょう。

イギリスが自国通貨の価値を切り下げる。これが、あの社会科の授業における「こうなると」の部分でした。そして、その結果、「どうなる」のか。そのことについて、先生の説明が進んでいきました。その時、先生が具体的にどういう言い方をされていたかは、さすがに正確には覚えていません。ですが、その話の流れの整然たる理屈の通り方が、筆者には何とも美しく感じられて、びっくりしました。ほんの1年前まで英国ライフを満喫していた少女ですから、話題がイギリスとなれば、おのずと集中して話を聞きますよね。その聞く気十分な耳に、何とすらーっと話が浸透してきたことか。さながら、砂地に染み込む水のごとし、でしたね。そこで筆者の耳に聞こえてきたのは、次のような物語でした。

イギリスがポンドの価値を切り下げる。すると、イギリスの輸出品の値段が安くなる。値段が安くなれば、イギリスの輸出品がたくさん売れるようになる。輸出品の売れ行きが伸びれば、イギリスの輸出関連産業は儲かって元気になる。一方、ポンド切り下げでその値打ちが下がれば、輸入品の値段は高くなる。高いモノは売れにくい。だから、イギリスの輸入は減る。輸入が減れば、輸入品と競争していた国産品のメーカーや販売業者は儲かって元気になる。つまり、輸出が伸びて輸入が減れば、輸出関連産業も輸入競合国産品関連産業も元気になって、イギリス経済全体にも元気が広がる。同時に、イギリスの貿易収支の赤字が減るから、イギリス・ポンドの価値も見直されて、一度切り下げたポンドの価値を切り上げることも出来るようになるかもしれない。あらゆる観点から見て、ここでポンドの切り下げを実施することが、イギリス経済にとって良好な結果をもたらす。めでたし、めでたし！

……とこのようにすべてが上手くいくとも限らない。この点についても、先生は忘れず言及されていたと思います。ただ、それはそれとして、「こうなる」と「どうなる」ことを狙って、イギリス政府がポンド切り下げの決断をしたのかという点については、実に納得がいきました。つまり、彼らは「ポンドの価値を切り下げる」という「こうなる」が、「イギリス経済が元気になって、結局はまたポンドの価値も切り上げることが出来る」という「どうなる」をもたらすだろうという判断に基づいて、ポンドの切り下げに踏み切ったわけです。この理屈の流れの破綻の無さ。それがとっても美しく感じられたのです。極上のミステリー小説のクライマックスで、すべての謎が解けていく。あの場面の快感ですね。目の前の霧がサーッと晴れていく。あの小気味良さでした。犯人は、なぜ、あの時あんなことをしたのか。どんな効果を狙っていたのか。思い通りにならなかったとすれば、それはなぜか……等々、実に様々な推理小説的要素をそこに見出すことが出来る。そのような世界としての経済の世界を、筆者が初めて垣間見た。それがあの時だったのです。

こんなに面白いミステリーを、こんなに面白い感覚で解決することが出来るのか。それが経済の世界なのか。そう思ったところから、筆者のエコノミスト人生への歩みが始まったのでした。

謎解き事例その二　どうなると、こうなる？

次に、事例その一と逆の謎解き事例を考えてみましょう。今度は、「どうなると、こうなる？」問題です。事例その一の冒頭では、「酒を飲み過ぎると」という「こうなると」から出発して、「二日酔いになる」という「どうなる」に達しましたよね。今度は、「二日酔いになる」という「こうなる」から出発して、「酒を飲み過ぎると」という「どうなると」に到達する流れで物事を考えてみたいと思うのです。「こうなると、どうなる？」は原因から結果を推理する謎解きです。それに対して、「どうなると、こうなる？」は結果から原因を探り当てる謎解きです。

例えば、次の図を見てみましょう。これは、戦後における日本の国内総生産（ＧＤＰ）の成長率の年々の推移を示したものです。ＧＤＰとは何かという点についても、後ほどご説明しましょう。さしあたりは、日本経済の年々の背の伸び方の記録だ、という程度にお考えください。

ご覧の通り、ある時代には10％前後の数字が続いたり、３～４％が定着した時代があったり、マイナス成長に落ち込んだり、ほとんど横ばいだったり、実に様々な局面が見られますよね。このそれぞれの時期について、「どうなると、こうなる？」を解明することも、経済的謎

図1　戦後日本の実質GDP成長率の推移から何が分かる?

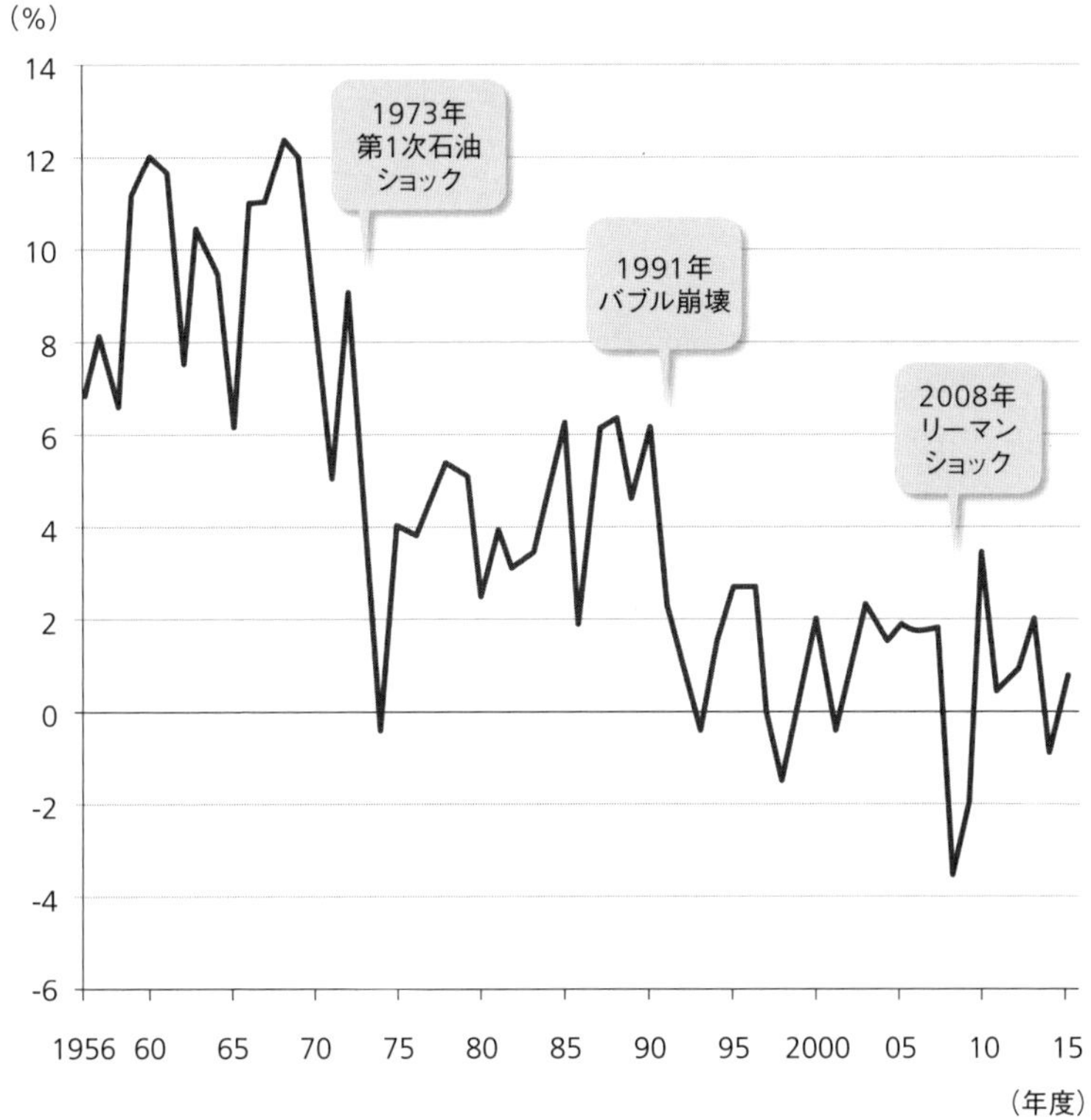

資料：内閣府『平成28年度年次経済財政報告(経済財政白書)』より作成

解きの実に面白い側面です。

ガクンと成長率の数値が落ちている時、その「こうなる」という結果は「どうなる」という原因によってもたらされたのか。それを突き止める謎解き作業の醍醐味は、なかなかのものです。何で、ここでこうなってるの？　ここで一体何が起こったんだろう。何をどう調べれば、それが分かるか。誰から何をどう聴き取ればいいのか。どんな資料のどこを見ればいいのか。最初のうちは雲をつかむよう。だが、次第に手掛かりが見えてくる。やがて、「図星！」と思える答えに到達する。リーマンショックという出来事があったことを全く知らない人間でも、名探偵の素養があれば、きっと、リーマンショックという犯人を探し出すことが出来るでしょう。

ただの数字の羅列、ただの折れ線グラフが、次第次第にミステリー小説に見えてくる。あれこれ調べて、仮説を立てて、ああでもないこうでもないと悩んだ結果、解明にたどり着く。真犯人はこいつだと確信出来た時の快感たるや、「ワタシは天才だ！」と叫びたくなってしまうくらい気持ちのいいものなのです。

過去の鏡に照らして今を理解する

経済的謎解きというもののフィーリング、多少とも感じ取っていただけたでしょうか。やっぱり、謎は深まるばかりですか？　そうでしたら、それはそれでどうかお気になさらず。ミステリーというのはそういうものです。最初のうちは何が何だか分からない。それもまた、ミステリーの醍醐味ですよね。

さて、ここでお約束通り少し段取りのことを申し上げておきましょう。この集中講義は、歴史に大いに力を借りようとしています。集中講義は短期決戦が勝負です。短い時間とスペースの中で、出来る限り多くの謎解きに、出来る限りしっかりした脈絡とともに挑んでいきたいと思います。この作業を首尾よく貫徹するには、歴史が心強い味方です。なぜ、そうなのかということについては、次の講義で改めて取り上げます。

歴史に力を借りるに当たって、本集中講義では、基本的に逆走方式を採りたいと考えています。主として第4講義以降でこの方式を採用しています。逆走とはすなわち、今から出発して時間をさかのぼっていくという意味です。まず、今日現在の時点で話題になっているテーマに着目する。その上で、その「こうなる」がどんな歴史的「どうなる」と関わっているのか、あるいは、この今日的な「こうなる」が歴史上の「こうだった」とどう違うから、「こうなっている」のか、などということに思いを馳せていきたいと考えています。歴史の流れを逆走するタイムスリップ旅行。それを本集中講義の基本的アプローチにしたいと考えているのです。過去の鏡に照らして今を理解する。そういうやり方だといってもいいでしょう。過去の鏡の中に見出した今の真相。それをしっかり解明出来た経済名探偵には、今の鏡の中に未来を映し出すことも出来るようになります。そこを目指して、ご一緒に時を（逆に）駆ける旅に出ていきましょう。

講義の順序については、目次をご覧ください。本講義に続く第2講義では、経済学そのものの歴史と本質を少し整理しておきたいと思います。歴史に力を借りる以上、経済分析の世界にどんな歴史があるのかを知っておかなければいけません。どんな学問として経済学が産声を上げたのかということについても、是非、ご一緒に確認しておきたいと思います。

続く第3講義では、経済的謎解きに必要な各種の道具について、これもざっくりご紹介申し上げておきたいと思います。経済名探偵のツール・ボックスの中身点検ですね。別の言い方をすれば、経済的風景画とその構成要素を吟味するということです。

第4講義以降が本格的な歴史逆走パートです。そこでは、基本的に外から内へ、大から小へ、枠組みから現実へ、というアプローチを採ろうとしています。「はじめに」で申し上げた経済活動の波紋の広がりを、どちらかといえば一番外側の波紋から出発して、中に向かって構造分析していこうというアプローチです。ですから、何やら、ご自分の日常からえらく遠いところから話が始まるなと思われるかもしれません。そこは申し訳ございませんが、ぐっと我慢でお付き合いください。このやり方で中へ中へと切り込んでいくことで、最終的な「どうなると、こうなる？」を全面解明したいと思うのです。

というわけで、第4講義以降では、まずは「通貨」の世界に踏み込むところから始めます。

通貨すなわちおカネの成り立ちについて考えていきます。

　次に、国境を越えたモノのやり取り、すなわち「通商」について考えます。このところ、我々はＴＰＰ（環太平洋経済連携協定）や貿易の自由化といったニュースをよく耳にしますよね。これらのテーマを巡って、多くの歴史的な背景が見逃されていると思います。これは戦争とも関係してくる大変重要なテーマです。その辺りこそ、まさしく歴史に力を借りて確認しておくべきところです。

　続いては、外から内への流れに従って国境の内側へと目を転じていきます。主として日本に着眼しつつ、様々な問題について考えていきます。どうして増税なのか？　どうして国債を出し過ぎてはいけないのか？　増え続ける社会保障費をどう考えたらいいのか？　そして格差や貧困の広がりは？　等々です。

　さて、オリエンテーションはひとまずここまで。いよいよ、集中講義の本格開講へと踏み込んでいきましょう。

第2講義

経済学のはじまり

なぜ、歴史に頼るのか

第1講義の末尾で、この集中講義は歴史に力を借りるのだということを力説しました。だからこそ、出発点でまずは経済学そのものの歴史にも注目する。そのようにも、申し上げましたよね。なぜ、こんな風に歴史にこだわる必要があるのか。この点について、改めてあともう一息、考えておきたいと思います。講義という名の旅をご一緒するためには、問題意識の共有が欠かせません。何のためにどんな旅をするのか。そこで呼吸が合っていないと、道中、足並みが乱れていけません。添乗員だけが勝手に盛り上がっている。これほど、うっとうしいシチュエーションはありませんからね。そうならないよう、心がける所存です。

さて、そこで歴史に学ぶことの意義と意味ですが、まず、ごく一般的な意味で、歴史は教養です。まっとうな大人としての知性の中において、歴史的知識は欠かせない位置づけを持っています。我々は、いかなる経緯をたどってここに到達したのか。その間に、人間同士の間に何が起こったのか。何がどう解明され、どんな発見があり、人々はどんなことについて、どんな反省をしてきたのか。

こうしたことを知らずにいると、下手をすれば、とても無神経な人間になってしまいます。過去において、自分のご先祖たちがご近所さんたちをひどく傷つけたのに、それを知らない。これでは、相手の神経をどんなに逆なでする失態を演じるか分かりませんよね。

歴史を知らないと、他人に騙されやすい人間になってしまう。そういう怖さもあります。例えば、妙な下心を抱く政治家たちが言葉巧みに我々をどこかの国と戦争する方向に誘導しようとする。そんな時、歴史に精通していれば、「え、これってもしかしてあの時のあの手口と同じじゃない？」と察知することが出来て、とんでもないところに連れていかれずに済むでしょう。

今という時代の特徴は、過去との比較の中からこそ、見えてきます。今のことさえ分かっていれば、過ぎ去ったことなど知らなくてもいい。ひたすら今を生きる。そんな人生観も悪くないかもしれません。ですが、実をいえば過去を知らなければ今は分かりません。過去においてどうだったかということと比べてみて、初めて、今の今らしさが分かるわけです。

ペットボトルの功罪は、ペットボトルしか知らない人には分かりません。鉛筆というものが存在することを知らない人には、シャープペンシルの功罪は分かりません。ボールペンを万年筆や羽根ペンなどと比べるだけの知識を持ち合わせていなければ、ボールペンの功罪は評価出来ません。

　以上のようなことを皆さんがよく実感されているからこそ、最近、「世界史モノ」の本がよく売れるようになっているのでしょう。得体の知れないグローバル時代の真相を知るためには、グローバル化していなかった頃の世界を知る必要がある。混沌《こんとん》たる今日の謎を解きたいと思われる皆さんが、昨日に関心を寄せられている。それが世界史ブームをもたらしているのだと思います。本書も、このブームの柳の下のドジョウ一匹ならんとしているわけですが、願わくは、飛び切り上等な鰻《うなぎ》でありたいと切望しています。そうであればこそ、ここで、しっかり歴史の力を借りることの意味について、思いを共有させていただきたかった次第です。

最初の経済学者は誰だった？

　さて、それではいよいよ経済学誕生の時に向かってタイムスリップいたしましょう。その時は１７７６年。アメリカ独立宣言の年です。イギリスでは産業革命が緒に就いた頃。フランスでは、１７８９年のフランス革命がさほど遠くない将来に迫っていました。日本では、概ね江戸中期というところです。

　この１７７６年に、アダム・スミス（１７２３〜１７９０年）が『国富論《こくふ》』という書物を刊行しました。この本を世に出したことで、スミス先生は経済学の生みの親となりました。スミス先生は、スコットランド生まれのイギリス人です。現在発行されているイギリスの20ポンド紙幣に、先生の肖像が使われていますよ。20ポンドは日本円に換算すれば本稿執筆時の為替相場で概ね2700円ですから、1000円札で考えれば野口英世先生の2・7倍。そんな感じの重みを持つスミス先生だというわけです。

こんな比較計算はともかく、アダム・スミスの前に経済学無く、アダム・スミスの前に経済学者無し、というわけです。『国富論』を執筆することで、スミス先生は自らを経済学者に仕立て上げたのです。

もっとも、本人にしてみれば、今の世の中が彼を経済学者だと位置づけていることに少々びっくりかもしれません。経済学者という枠の中に封じ込められることを、少々心外だとさえ、思うかもしれませんね。アダム・スミス先生は、要は幅広い分野で見識と才能を発揮する言論人でした。それこそ歴史をひもとけば、一般人の中にもそういう人がいた。そういう時代だったといえると思います。レオナルド・ダ・ヴィンチやミケランジェロに端を発して、世に出る人々は、マルチ・タレントであることが当たり前でした。今日のように、文系は理系音痴で、理系は文系音痴などという妙な決めつけが当然視されるようなことはなかったのです。

アダム・スミス先生も、典型的なマルチ・タレント言論人でした。彼は、哲学者であり、文筆家であり、エッセイストであり、政治評論家でした。政治活動家だった時期もあります。啓蒙思想の流れを汲む思想家として、経済社会のより良きあり方を模索し、市井《しせい》の人々を幸せに出来る世の中の姿を追い求めていました。そうした追求の果実として、『国富論』が誕生したのです。

市民たちの幸せを追求するという先生の姿勢には、彼がスコットランド出身者だったということも、大いに影響していたでしょう。スコットランドは長年にわたるイングランドとの血みどろの戦いの中で、結局はイギリスという連合国家に吸収される運命をたどりました。イングランド人たちが主導する国家づくりの中で、民族としての自決の道を閉ざされた。そう思って止まないスコットランド人は、いまなお、大勢います。ここで、あ、そうか、と思いつかれた方は多いでしょう。その皆さんは、今の中に歴史を見て、歴史の中に今を見る素養が大いにおありです。そうです。その通り。このような歴史があるからこそ、2014年にスコットランドで独立を問う住民投票が行われたのです。結局は独立見送りとなりましたが、スコットランド魂に燃える人々は、まだまだ諦めてはいない。

そんな、いわば圧迫されし少数民族の思いが深かったからこそ、スミス先生は小さき者たちの幸せが守られる世の中を追い求めた。そして、その観点から、経済活動のあり方を分析するという発想にも到達したのだと考えられます。

なぜ『国富論』なのか

さて、ここまで来たところで、「えっ?」とか「うん?」という感じで少々引っ掛かる感を抱かれた方がおいでになるかもしれません。そうであれば、その感受性には敬意を表します。そう、ちょっと変ですよね。世のため人のため、市井の人々のためを思うなら、なぜ、自著に『国富論』などというタイトルをつけるのか。そこが「えっ?」となるところですよね。国の富を論ずる。この視点の中に、人々に向かう目というものが感じられるでしょうか。疑問を抱かれて当然です。名は体を表すはずです。なぜ、こういうことになるのでしょうか。

実をいえば、これはスミス先生のせいではないのです。問題は日本語のタイトルです。さらにいえば、日本語のタイトルの省略のされ方です。『国富論』の原題は、『An Inquiry into the Nature and Causes of the Wealth of Nations』です。これをそのまま日本語に訳したのが、『諸国民の富の性質と原因に関する研究』という邦題でした。当初は、日本でもしっかりこの題名が使われていたのです。ところが、それをある時から『国富論』と省略形に言い換えるようになってしまったのです。

これについては、原題側の責任もあります。フルタイトルがどうも長過ぎるので、イギリス本国でも、この本は次第に『The Wealth of Nations』の名前で知られるようになりました。それがあったので、日本でも短縮版のタイトルがいわば「合法化」されたというわけです。ただ、当初の短縮形邦題は『諸国民の富』でした。ご覧の通り、基本的に原題の省略形に忠実です。英語の nation は国民を意味します。決して国家ではありません。したがって、『The

Wealth of Nations』を『諸国民の富』と訳すのは実にまっとうな発想です。

ところが、ある時期にこの『諸国民の富』が、何と『富国論《ふこく》』と書き換えられてしまったのです。明治期のことです。欧米列強に伍して世界に打って出ようとする明治の日本は、まさに富国強兵路線をひた走ろうとしていました。強兵はいかなる状況下でも正当化出来る方向性ではないと思います。ただ、当時の政治家たちが日本の植民地化を避けようとして必死だったことは分かります。国の富の安泰を図ろうとすれば、強兵しか道はない。その発想は、当時として止むを得ざるものだったかもしれません。いずれにせよ、そのような時代の空気の中で、『諸国民の富の性質と原因に関する研究』が『富国論』に衣替えしてしまったという展開には、さもありなんという面が感じられますよね。

ですが、時が経つとともに、さすがに『富国論』はあまりにも看板に偽りありで、原著の趣旨にも反し過ぎるだろうということで、『国富論《こくふ》』への改名が行われるという展開になったのです。なかなかいいセンスの改名ではありますね。単に漢字の順序を入れ替えただけで、ニュアンスが大きく変わる。日本語の面白さでもあります。ただ、これでも、やはり『諸国民の富の性質と原因に関する研究』の響きは戻ってこない。スミス先生は、あくまでも、諸国民すなわち人々の富というものがどのような価値を持っていて、その価値の源泉がどこにあるのかを解明しようとしていた。それが解明出来れば、人々を幸せに出来る経済活動のあり方も見えてくると考えたわけです。ところが、『国富論』になってしまったおかげで、国民は後景に退き、国家が前面に出てくる語感になってしまった。

いかがですか？　この歴史的経緯を知っているのと、『国富論』というタイトルだけを知っているのとでは、相当に認識が違ってきますよね。この経緯を踏まえて思いを巡らせば、そもそも、国民と国家との関係はどういうものなのか、などというテーマにも発想が及んでいくことになります。あれこれ、視界が広がっていきますよね。こんな具合に、歴史に力を借りると発見の旅の醍醐味が増すというわけです。

経済学は涙と汗とともに

以上のように、日本語タイトルの短縮版勝手翻案のおかげもあって、スミス先生の本意とは異なり、経済学はすっかり「富国強兵と弱肉強食の勧め」の学であるかのごときイメージになってしまいました。しかしながら、少数民族的反骨と市民主義的博愛の人だったスミス先生が、そのような感受性をもって経済活動を分析していたわけはありません。

スミス先生は、経済活動を営む人間は共感性を持つ人間でなければならないという発想に立っていました。その論拠となっているのが、彼のもう一つの著書である『道徳感情論（道徳情操論、『The Theory of Moral Sentiments』）』です。人間の感情の基盤には道徳性がある。その道徳性は共感性に根ざしている。とてつもなくざっくりいってしまえば、これが『道徳感情論』の唱えるところです。

共感性とは何か。これまたとてもざっくりいってしまえば、それは、他人の痛みが分かるということです。人の痛みに思いが及び、人の嘆きに共感して我がことのように涙することが出来る。それが、スミス先生がおっしゃる共感性です。要はもらい泣き出来る感受性を持っている、ということです。

経済学には、もう一つ、欠かせないものがあります。それは、汗です。これも、スミス先生が『国富論』の中で提示した画期的な主張です。

諸国民の富の源泉を、スミス先生はどこに求めたか。それは、人間の汗だった。そのようにいっていいと思います。人々がどれだけ汗水たらして働いたか。そのような労働がどれだけ投じられて、あるモノが出来上がったか。そのことによって、そのモノの価値が決まる。この考え方を「労働価値説」といいます。投下された労働の量と質で、その成果物の価値が決まる。そういうことです。

この発想は、それまでの通念とは全く異なるものでした。『国富論』が世に出た当時の世の中は、もっぱら「重商主義」な考え方が一般化していました。重商主義という言い方の語源は必ずしも明確ではありません。一概に「商業重視」というわけではありません。あまりその辺に突っ込んでいくと紙幅が足りなくなりますので立ち入りませんが、要は「稼げてなんぼ」という考え方だといって大過ないでしょう。モノの価値は、それがどれだけの稼ぎにつながるかで決まる。あるモノを輸出することで、ある国はどれだけ金銀財宝をゲット出来るか。この価値観が、重商主義の価値観だといえるでしょう。それに対して、スミス先生はモノの価値は人が流した汗にあり、といったわけですから、これを「重人主義」と呼んでもいいでしょう。

「見えざる手」の真意

次に進む前に、『国富論』といえば誰もが思いつく言葉に触れておきましょう。かの「見えざる手」という言い方です。これも相当に誤解されている言葉です。そもそも、スミス先生は「見えざる手」といったのであって、「神の見えざる手」とか「市場の見えざる手」というような言い方をしたわけではありません。

彼がいいたかったことは、国家というものが国民の経済活動に対して、やたらに介入する、すなわち「見える手」をもって国家が国民の経済活動を引っ掻き回してはいけないということでした。「見える手」という言葉を使っているわけではありませんが、『国富論』の該当箇所を読めば彼がいいたかったことは、よく分かります。決して、市場原理に任せておけばすべてが上手くいくといっているわけではありません。国家が人々に「愛国消費」とか、「愛国投資」を強要するというようなことをしてはいけない。そんなことをしなくても、人々がその欲するところに従って行動することが、国々にとってもいい結果を生む。彼がいいたかったのはそういうことです。

もっとも、グローバル時代の今、すべてがスミス先生のご指摘通りに運んでいるわけではありません。しかしながら、だからこそ、スミス先生の教えを知ることが重要なのです。彼の時代と今とはどこがどう違うのか。この比較の中から、我々は今の真相を知ることが出来る。ほらね。だから、やっぱり歴史に力を借りることが重要なのです。

第3講義

経済探偵の絵解き術

「景気」は「景色」

第2講義で見た通り、経済学には涙と汗がつきものです。ただ、経済的謎解きに本格的に挑むとなると、涙と汗が流せるだけでは済まない面が出てきます。刑事物のドラマも、涙と汗がないと盛り上がりませんが、やはり、そこに出てくる刑事さんたちの謎解き力が冴えていないと、刑事物らしさが出てきませんよね。経済的謎解きドラマにも、相応の技が必要です。道具を取り揃えることも必要です。もちろん、道具の使い方も覚えなくてはなりません。その辺が今回のテーマです。

経済的謎解きは、言い換えれば絵解き作業です。経済的風景を描いた一枚の絵をじっと眺めて、その風景が語りかけてくることを読み取る。それが経済分析です。そして、経済的風景画は、多くの場合において騙し絵です。見方によって、違うものが見えてしまう。見えるはずのものが見えなくなる。見えてはいけないものが見えてしまう。我々を翻弄する騙し絵に振り回されることなく、本当に見えるべきものがどこまで見えるか。そこが、絵解き師、すなわち経済探偵の力量が問われるところです。

経済的風景あるいは経済的な景色の具合を言い表す言葉に、皆さんがよくご存じの「景気」というのがあります。これは実に奇妙な言葉です。最も基礎的な経済用語だといえば、その通りです。ですが、同時に最も難解な経済用語だともいえるでしょう。そもそも、果たしてこれは経済用語でしょうか。景気とは、一体何でしょう。

このような疑問が生じた時には、何はともあれ、辞書を引いてみましょう。これも、絵解き師にとっては重要な作業です。分かったつもりになって言葉を鵜呑《うの》みにしたり、何となく使ったりしていると、真相からどんどん遠ざかってしまう恐れあり。ここはしっかり確認しましょう。むろん、引くべき辞書は本書の発行元、集英社の国語辞典です。そこには景気について次のように記載されています。

①商取引などの状況。また、社会全体の経済状況。②活動状況や威勢。③自然の景色とそれに感じられる風情。④内心や内情の、発散して外面に表れる様子。⑤和歌・連歌・俳諧で、自然の風景を興趣をもって詠み込むこと。また、その歌句。景曲。

(『集英社 国語辞典 第3版』、2012年)

何と！　ご覧の通り、そもそも景気という言葉自体に、景色とか風情の意味があるのだということが分かりました。念のため、広辞苑も引いてみましょう。結果は左記の通りです。

①様子。けはい。ありさま。景況。②景観。景色。また、景観を添えるもの。③和歌・連歌・俳諧で、景色や情景をありのままに詠んだもの。景曲。景気付け。④人気。評判。⑤元気。威勢がよいこと。⑥売買・取引などの経済活動の状況。特に、活発な状態。好景気。

（『広辞苑 第六版』、岩波書店、２００８年）

何と！　こっちは景色や風景にまつわる語意が、まず、最初に出てきています。経済に関わる語意は一番後回し。面白いですねぇ。この辺りは辞書の編纂者《へんさんしゃ》たちの思いや感受性や専門性が出るところです。いずれにせよ、景気という言い方は、どうも経済用語である前に叙事用語あるいは抒情用語だったわけですね。情緒用語ともいえるかもしれません。経済の世界を語るに当たって、この種の文学的な表現が使われることは、誠に結構だと思います。経済活動が人間ドラマなら、それを語る言葉に文学の香りがするのは大いに結構。ちなみに、経済用語としての景気を英語では何というかといえば、economic condition とか、business conditions とか economic situation、あるいは state of the economy といったところです。何とも散文的で身も蓋もありませんね。それに引き替え、景気という言葉の何とエレガントなことか。もっとも、経済情勢のことを英語でも the economic picture といったりもしますから、英語の経済用語に全く文学性がないともいえないでしょう。ですが、景気という言葉の響きが醸し出すホワンとした雰囲気に比べれば、やっぱりむきつけですよね。

日本の経済用語に文学性があることは、経済活動が人間の営みである以上、実に好ましいことだと思います。ただ、この文学性が混乱や曖昧さにつながるという面もありますよね。そのホワンとした感じに、丸め込まれてしまう危険性もあります。例えば、〝Economic conditions will soon improve〟という英語を「経済実態は間もなく改善に向かうであろう」と訳せば、「何かもっともらしいけど、ホントかよ」とまぜかえしたくなりません? ところが、これを「景気はもうすぐ良くなると思いますよ」と言い換えられてしまえば、何やらホッとして、「あぁ、そうなんだ」と思ってしまったりしないでしょうか。ことほどさように、言葉は怖い。言葉には要注意です。

経済的風景画の構成要素

風景画というものには、概ね定番の構成要素がありますよね。空とか、山とか、川とか、木とか、花とか、家とか。もっとも、サルバドール・ダリのような狂気の天才画家の作品ともなれば、風景の中にいきなりグニャグニャな時計などが出現したりもします。まぁ、それはそれとして、多くの場合、風景画には、やはりそれにつきものの要素というのがあるといっていいでしょう。同じことが、経済的風景画にもいえるはずです。経済的な景色につきものの要素とは、どのようなものでしょう。

経済活動を回しているのはヒト・モノ・カネだ。そのようにいっていいでしょう。ヒトによるモノづくりを支えるカネ回し。こんな風に三者の役どころが安定していると、経済的風景画はなかなかどっしり、安定感のあるものになります。ですが、なかなか、そう上手くいくものでもありません。カネが勝手に暴走する。ヒトがモノ扱いされる。モノの価値がアダム・スミスの労働価値説（ご記憶ですか？　前回の講義に出てきましたよ）とはかけ離れたところで決まる。そんな状態になってしまうと、経済的風景画はとても不安定で、とても不安に満ちていて、とても怪しげな狂気性を帯びることになってしまうでしょう。

経済的風景画の全体感についていえば、前述の点、つまり、ヒト・モノ・カネの三者関係がどのように描出されているかがポイントになります。経済的風景画の絵解き師としては、この辺が大局観の勘所です。そこを押さえた上で、もう少し詳細に立ち入って経済的風景画の因数分解を進めることも、しっかり出来なければいけません。その場合に、目をつけるべき構成要素はどのようなものでしょう。風景画をあまり複雑なものにしてはわけが分からなくなるので、ここでは、要素の数をぐっと限定しておきましょう。ヒト・モノ・カネが基本ですから、それらをヒト系要素・モノ系要素・カネ系要素に大別して整理すれば、次の通りです。

⑴ヒト系要素
①雇用　②賃金
⑵モノ系要素
①生産　②物価
⑶カネ系要素
①通貨量　②金利

さて、皆さんはこのリストをどのようにご覧になりますか。⑴～⑶のいずれにも①と②の二つの要素が含まれていますよね。なぜ、このような分類の仕方になっているのでしょうか。じっくり眺めていただくと、きっとお気づきいただけると思いますが、⑴の①と⑵の①と⑶の①には共通点があります。⑴の②と⑵の②と⑶の②についても同様です。⑶の①の「通貨量」という言い方が少し分かりにくいかもしれません。これは、要するに世の中に出回っているカネの分量だとお考えいただければ結構です。この点も含めてお考えいただくとどうですか？

そう！　ご明察の通りです。⑴～⑶のいずれの場合にも、①に掲げている要素は数量を示すものです。世の中の企業が雇っている人々の数が何人になっているかとか、自動車の生産台数が何台かとか、１万円札が世の中に何枚出回っているかとか、ヒト・モノ・カネのそれぞれについて数に注目しているのが、①に掲げた要素です。それに対して、②で示しているのは、⑴〜⑶のいずれの場合にも値段を表わす要素です。⑵の②がモノの値段を表わすことは容易にお分かりいただけるでしょう。それになぞらえていえば、⑶の②はカネの値段に他なりません。同じ発想でいえば、⑴の②はヒトの値段だということになります。ヒトの値段というのはけしからん言い方で、それこそ、ヒトをモノ扱いしていて許し難いですが、ここは、あくまでも経済的風景画の構成要素を整理するための便宜的な言い方ですので、どうか、ご容赦ください。

量と値段の関係をどう絵解きするか

このような分類方法で経済的風景画の要素をお示ししたのは、経済的な景色というものが、その最も基本的な部分で数量と単価の関係に規定されるところが大きいからです。例えば、数多くの人々が職にありついているという意味で雇用が伸びていれば、その限りにおいて、経済的な景色はなかなか良き眺めを呈しているように思えます。しかしながら、それら多くの労働者たちの一人一人が、実はとんでもない低賃金でこき使われているとすれば、その風景を美しいとは決していえないでしょう。

あるいは、一見、経済活動が大きく拡大しているように見えても、それが生産量の増加によるものなのか、物価の上昇によるものなのかによって、その経済的風景画をどう解釈し、どう評価するかは、随分、違ってきます。例えば、八百屋さんの店頭風景を考えてみましょう。次の３枚の絵をイメージしてみてください。皆さんはどう比較分析されますか？

Ａ「１００円のキャベツが10個売れた」の絵
Ｂ「１０００円のキャベツが１個売れた」の絵
Ｃ「10円のキャベツが１００個売れた」の絵

いずれの場合も、八百屋さんの売り上げは１０００円です。そこは、どの絵も変わりありません。ですが、この三つのどのパターンかによって、八百屋のおやじさんの表情は随分違うはずです。ざっといえば、Ａなら、まずまずＯＫという感じの穏やかな良い笑顔。Ｂなら笑いが止まらない状態ながら、よく見ると、その笑顔はハロウィーンのカボチャ、あるいは口裂け男みたいに横広過ぎて、どこか、ひきつっている。Ｃなら、おやじさんの表情は苦悩に満ちて疲れ果てている。こんな感じだと思います。

Ａの場合、なぜ、まずまずＯＫな笑顔になるかといえば、１個１００円のキャベツが10個売れるというのが、おやじさんにとって実にいい感じの商いになるからです。１個１００円なら、仕入れ価格（例えば50円とか）との関係でちょうどいい。それが10個売れるというのも、ちょうどいい。売れ過ぎて品切れにもならないし、売れ残りが大量に出るわけでもない。商売が安定的に繁盛している構図です。だから、穏やかな笑顔になる。

それに対してBの場合はキャベツをたった1個売っただけで１０００円の収入になるのですから、とりあえずボロ儲け。こんな楽な商売はないというので、大笑いしたくはなる。ですが、まともな神経の持ち主なら、こんなことがいつまでも続くわけはないという不安感が湧いてくるでしょう。でも、だからといって、１０００円で売れるものを１００円でいいですとは、やっぱりいいたくない。後ろめたさとワクワク感が入り混じりながら、ええい、行けるとこまで行ってやれ、というギャンブラー意識も頭をもたげる。そんなこんなで、おやじさんの表情は少々狂乱的様相を呈することになる。

Cの光景は、悲惨です。必死の思いでキャベツを１００個売ることが出来た。でも、1個当たり10円しか収入がなければ、商売としては全く採算が合わない。仕入れコストも賄えないし、こんな調子では従業員にまともな給料も払ってあげることが出来ない。それどころか、首切りも避けられないかもしれない。もちろん、借金は返せない。そろそろ夜逃げか……。

カネにおける量と値段の関係によっても、経済的風景は大きく変わります。同じ１０００円を借りるのに、10％の利子を払わなければいけないのか、1％で済むのか。同じ１０００円を貯金することで、10％の利子を手に入れることが出来るのか、1％しか稼げないのか。それによって、風景画の中に登場する人々の表情は実に大きく違ってきますよね。10％の金利を当てにしていたのに、１％しか手に入れられない。そのような状況に当面した年金生活者たちは、どんなに暗い表情で経済的風景画の中に立ち尽くしているでしょうか。１０００円のカネを他人に貸すことで、急に10％の利子を得られるようになったカネ貸し屋さんたちは、どんなにニンマリし、ホクホクした表情でそこに登場しているでしょうか。

かくして、ヒト・モノ・カネにまつわる量と値段の関係いかんが、経済的風景を大きく塗り替えます。どんな構成要素のどんな組み合わせで、この絵は成り立っているのか。そのことが、色彩や構図にどう影響しているのか。この絵から、我々はどんなメッセージを読み取るべきなのか。それらのことをじっと考えながら、鋭い目をもって目前の１枚の絵を鑑定する。それが経済的絵解き師の仕事です。

経済的絵解きの基礎中の基礎は、およそ、こんなところです。ここに政策要素や対外的な経済関係の要素などが加わることによって、経済的風景はどんどん大きくなり、複雑化していきます。そのような大作をここで取り扱おうとすると、先にも申し上げました通り、結局、何が何だか分からなくなってしまうので、本講義での絵解きの試みはここまでにしておきましょう。ですが、ここは文字通り基本ですので、この骨格をしっかり頭に入れていただければ幸いです。これから先、講義が進んでいく中でも、折に触れてここに立ち戻っていただければとも思います。

第4講義以降では、まさしく、この基礎的・経済的風景に少しずつ要素を足していくことになります。オリエンテーションで申し上げた外から内へ、大から小へという手順で、経済的風景画を、順次、肉づけと膨らみ、そして動きのあるものにしていきたいと思います。経済的風景画は、実をいえば動画です。思えば、経済活動は人間の営みなのですから、それは当然ですよね。動きまで入るとなれば、謎解きはなかなか手ごわくなっていきます。ですが、本講義で見た基礎的絵解き術の勘所を体得しておいていただければ、万事、恐るるに足らずです。ご一緒に旅を進めて参りましょう。

なお、ここで挙げたヒト系・モノ系・カネ系の諸要素について、一般的によく使われる経済指標は次のようなものです。メディア報道の中で目にされ、耳にされることがあると思います。ご関心がおありでしたら、どうぞ、ざっとご一覧ください。

一般に、経済の状況を探るために調査、公表されているデータを「経済指標」と呼びます。日本の代表的な経済指標は、次の通りです。難しそうなら、読み飛ばしても構いません。

物価

・消費者物価指数（CPI、総務省統計局）
　モノやサービスの価格を調べ、指数化したもの。一般的には「値動きの大きい生鮮食品を除く総合指数＝コアCPI」を使う。このほか、国内企業物価指数（日本銀行）などがある。

金利

・無担保コールレート翌日物金利（オーバーナイト物、日本銀行）
金融機関同士が1日だけ借りる（翌日返済する）お金の金利。日本銀行が政策的に調整している。

・新規発行10年物国債利回り（日本相互証券）
国債の最も代表的な銘柄である10年物国債（10年後に返済する）のうち、新しく国が発行したものの金利。国は一般的に最も信頼性の高い借り手なので、国債の利回りは他の金利（預金や住宅ローンなど）にも強く影響する。

賃金

・現金給与総額・所定外労働時間数（厚生労働省）
毎月勤労統計調査の一部。前者では、1人当たりの給与（基本給＋残業代等＋賞与等）が、後者では残業時間等の増減が分かる。

生産

・国内総生産（ＧＤＰ、内閣府）

日本の経済規模の大きさを示す、最も重要な経済指標。四半期ごとに発表される。ある期間中に、日本国内で生産された「価値」の総額。一般には、実質ＧＤＰ（インフレ率を調整したＧＤＰ）を見る。このほか、鉱工業指数（経済産業省）、機械受注統計調査（内閣府）などがある。

雇用

・有効求人倍率（厚生労働省）
一般職業紹介状況の一部。求職者数に対して求人数が何倍あるかを示す。1を超えていれば仕事の数の方が多い。

・完全失業率（総務省統計局）
労働力調査の一部。15歳以上の働きたい人における、完全失業者の割合。

・労働力人口（総務省統計局）
労働力調査の一部。15歳以上の人口のうち、「就業者」と「完全失業者」を合わせた人数。

・就業者数・雇用者数（総務省統計局）
労働力調査の一部。就業者数は「従業者」と「休業者」を合わせた人数。雇用者数は会社、団体、官公庁又は自営業主や個人家庭に雇われて給料・賃金を得ている者及び会社、団体の役員の人数。

第4講義

通貨①

通貨に命を吹き込むものは？

通貨無くして価格無し

前の第3講義では、経済的風景画の最も基礎的な要素を整理しました。そこでは、量と単価がどういう関係でどう組み合わさることによって、経済的な景色がどう変わるかについて考えたのでした。ところが、この作業をしながら、実は、そのことに関わるとても重要な要素を無視していました。前回でも申し上げました通り、一度にあまりたくさんのことを取り扱うと話が混乱するからですが、ここで、まずは、その欠落していた要素を経済的風景画の中に取り込むことにいたしましょう。版画として見れば、経済的風景画は多色刷りですから、本講義以降、次々と刷りを重ねて参ります。その度に加わる新たな色彩要素の登場によって、経済的風景は次第に完成形に近づいていきます。そして、完成形に近づけば近づくほど、我々にも本格的な絵解きの技が要求されることになっていくわけです。腕が鳴りますね。

量と単価の関係を決める要素とは何でしょうか。すぐお分かりですよね。それは通貨という存在です。日本をイメージしていえば、円という通貨があるからこそ、我々はモノの値段がいくらだとか、人々の賃金はかくかくしかじかの水準になっている、などということがいえるわけです。ヒトの世界においても、モノの世界においても、今日において、通貨は価値を表示する標準的な尺度になっています。カネの世界においてもそうです。カネの世界に通貨が必要、などというと、「鐘が鳴るのか、撞木《しゅもく》が鳴るのか」みたいな言い方で、禅問答風になってしまいますねぇ。でも、ちょっとお考えください。第3講義で、カネ系要素として通貨量と金利を挙げましたよね。この通貨量にせよ、金利にせよ、日本の場合なら、そこに日本円がなければ規模や水準を表現することが出来ません。1000円の預金に対する金利が年1%なら、1000円預金すれば1年後に10円が手に入るわけです。ところが、こういう計算も、円という存在がなければ不可能になってしまいます。こんな具合で、通貨というものは、経済的風景画においていまや不可欠の存在となっています。

ところで、一つお断り申し上げておくことが必要な点があります。それは、本書では一貫して通貨という言葉を使わせていただくということです。

通貨と似て非なる言葉に「貨幣」というのがあります。両者の違いについて、筆者の理解をごくざっくり申し上げておけば、貨幣が幅広く通用するようになればなるほど、その通貨性が強まるということです。かつて、原始に毛が生えた程度の段階で人類が貝殻をおカネ代わりに使っていた時、その貝殻はごく一部の人々の間でしかおカネとして通用していなかった。それに対して、今日の日本円は日本の国内ならどこでも通用します。アダム・スミス先生の『国富論』の時代から20世紀初頭にいたるまで、イギリス・ポンドはイギリス国内のみならず世界中で一番、どこに行ってもおカネとして通用する存在でした。

そうした往年に比べて、ポンドの通貨性はいまや随分低下しています。１９２０年代半ば以降、ポンドは通貨から貨幣への逆戻りの道をたどってきた。そういってしまえば少々かわいそうですが、それが現実だと思います。戦後においては、米ドルが世界で幅広く通用するようになりました。しかしながら、米ドルの時代も実はピークを過ぎて久しいといえます。これから先、どこまで、ドルはその通用性を維持出来るか。実はそれが見物です。この点は第5講義で取り上げたいテーマです。

これ以上、この話に突っ込んでいくと、本書は集中講義らしい軽妙なフットワークを失ってしまいそうです。そこで、この辺りにご関心が深い皆さんは、大変恐縮ながら自習をお願いいたします。そのための参考文献としては、例えば筆者の『円安幻想　ドルにふりまわされないために』（ＰＨＰビジネス新書、２０１３年）などをご覧いただければ幸いです。

いずれにせよ、経済的風景画は、通貨という要素がそこに加わることで、通貨なき風景画とは格段に違うダイナミズムと深みを得ているといえるでしょう。善玉のようで悪玉のよう。救世主のようで魔物のよう。便利なようで厄介。欲しいようで手に入れると怖い。そんな通貨という存在の経済的絵解き術における位置づけを、今回と次回の講義で取り上げてみたいと思います。

なお、ここで少々「ん？」という感じを持たれているかもしれない皆さんのために、もう一言だけ付け加えておく必要があるかもしれません。それは、本講義の段階では、まだ、「通貨と通貨の関係」の問題には立ち入らないということです。グローバル時代を生きている我々は、通貨という言葉に触れると、すぐさま、1ドル＝何円とか、1ユーロ＝何円というように、外国為替相場、すなわち、異なる通貨間の価値の関係をイメージしてしまいがちです。もとより、この側面は実に重要なテーマです。ですが、ここでこの話を持ち込んでしまったのでは、それこそ経済的風景画は混迷を来すばかりです。物事には順序があります。経済的絵画教室においても然りですので、とりあえず、為替相場という言葉とそれにまつわるイメージは、引き出しの中にお仕舞いください。どうしてもそれが気になって、こっそり引き出しを開けてみたりなさらないように。次の第5講義では、そこにもちゃんと目を向けますので、どうぞ、ご心配なく！

古代人の通貨的知恵

貨幣は通用性が高まれば通貨になる。前項でそう申し上げたところです。賢明な受講生の皆さんにおかれては、ここで、当然、次のような疑問を抱かれていると思います。「じゃあ、貨幣の通用性はどう決まるの？　誰が決めるの？　貨幣の通用性を高める要因は？」

　この実に鋭い疑問にお答えするために、いよいよ具体的な形で歴史の力を借りることといたしましょう。本格的なタイムスリップです。行く先は、日本に初めて通貨らしき通貨が誕生した時です。

　日本の通貨史の初期を飾る通貨として、誰もがすぐ思い浮かべるのは、やはり「和同開珎《わどうかいちん》」ですよね。７０８年がそのデビュー年です。いわゆる飛鳥時代。天皇を頂点として、中央集権体制が次第に整えられていく時期でした。

「和同開珎」が発行された背景には、平城京造営のための労働力確保や資材調達という目的があったと考えられています。国家目標のために人々に労役を課すに際しては、やはり、何らかの対価を渡す必要があったわけです。むろん、現物支給というやり方があったわけですが、それではあまりにも煩雑《はんざつ》だし、物資の確保が大変過ぎる。そこに通貨というものが誕生する余地が生じたわけです。

　ただ、いくら朝廷が和同開珎を支払い手段と定めても、その通用性を人々が受け入れてくれなければ、話になりません。和同開珎導入時の朝廷には、民をして、和同開珎を和同開珎だからというだけのことで、有難がらせるだけの力はありませんでした。和同開珎で何がどれだけ買えるのか。それをはっきりしてもらえなければ、人々は労働の対価として和同開珎を受け取らなかったのです。そこで当時の朝廷は、和同開珎の銅銭一文が穀（もみごめ）六升分に相当し、五文で布一常《きだ》と交換出来るという関係を定めることにしました。

こうしてみれば、古代の人民はなかなかどうして、したたかでしたよね。朝廷であろうと何であろうと、これがカネだといわれただけでは、信用しない。どれほどの使いでがあるのか、それを明示してくれなければ、銅のかたまりを俸給として受け取るわけにはいかない。そういう構えで権力と対峙していたわけです。

ここが、通貨の通用性の出発点でした。つまり、どのような「現物」のどれだけの分量と交換可能か。まずは、そこが問われるところからすべてが始まったのです。もっとも、この段階では、通用性といってもおのずと限界はありました。実際に一定の現物と確実に交換可能かどうか、それが繰り返し試される中で、「まぁ、これならいいか」と思ってもらうという実績づくりが必要な段階でしたから、貨幣のレベルをさほど大きく上回っていたとはいえません。

ここは、なかなか重要なところです。またまた少々禅問答的な言い方になってしまいますが、通貨は、実はその通用性をいちいち問われなければ問われないほど、通用性が高いといえるのです。古代の人々は、和同開珎の通用性を全面的には信用していない。だから、本当に一文で穀六升買えるかどうか試してみる。決して和同開珎を手元に貯めておくようなことはしないで、せっせと現物に換えてしまう。そういう行動を取っていたわけです。ですが、どうも本当に一文はいつでも穀六升に換えられそうだと納得してくれれば、そうそう慌てて現物への交換はしなくなる。あまり穀を溜め込み過ぎても、鼠《ねずみ》に食われてしまうかもしれない。カビが生えたりするかもしれない。そのリスクを考えれば、和同開珎を手元に持っておく方が合理的だ。そのように発想が変わっていくわけです。もっとも、結局のところ、古代人たちがそこまで和同開珎を信用することはなかったようです。古代王朝の時代を通じて、歴代の朝廷は通貨を人々の間に定着させることに実に苦労しました。それは、古代人たちの賢さの証明だといえるでしょう。権力に簡単にはいいくるめられない。大したものです。

通貨の通用性は信頼関係の証

別の言い方をすれば、要するに、通貨は人々がその通用性を認めるから通貨になるわけです。通貨の通用性が高まるのは、その通用性を人々が認知するからです。かくして、通貨が通貨であり得ることと、人が人を信用するということの間には、全く切っても切れない関係があるということです。

時代が下るとともに、通貨の通用性を裏打ちする「現物」は、和同開珎の場合のような生活物資から、次第に金や銀などの金属に変わっていきました。金で通貨の価値を保証するやり方が「金本位制」、銀を裏打ちにするのが「銀本位制」です。さらに時が経過する中では、やがて、このような物的裏打ちを基盤とする通貨価値の決め方は後退し、「管理通貨制」の時代を迎えることになります。今、我々はその時代を生きています。我々が使っている1万円は、ある特定の分量の金あるいは銀と交換してもらえるから、1万円なわけではありませんよね。1万円は、我々がそれを1万円だと認めるから1万円なのです。それが管理通貨制というものの大原則です。

このような形で通貨制度の歴史は変遷してきました。そうした歴史的経緯についても、第5講義以降で触れていくことになります。ただ、ここで是非ご一緒に確認しておきたいことがあります。それは、世の中が何本位制の下にあろうと、通貨が通貨であり得るためには、あくまでも、そこに人が人を信用するという関係がなければダメだ、ということです。いくら一文銭が六升の穀と交換可能だといっても、しょせん、それは約束事です。時の朝廷がそのように定めた。それしか、よりどころはありません。

後世の金本位制の下でも、それは同じことでした。第5講義で見る通り、金1オンス＝35ドルという形で米ドルの価値が設定されていた時代があります。この約束を世界に対して宣言したのは、当時のアメリカ政府でした。この約束をアメリカ政府が守るだろうと信じたからこそ、世界の他の国々は金1オンス＝35ドルを受け入れたのです。35ドル分のドル紙幣は、いつでも金1オンスと換えられる。このことを人々が信用したということは、とりもなおさず、アメリカ政府の言葉を信用したということです。35ドル分のドル紙幣に、何も金1オンスに変身出来る物理的特性が備わっていたわけではありません。人が言ったことを人が信用する。通貨の通用性は、あくまでも、この信頼関係がその最終的な裏打ちなのです。

人が人を信用するかしないか。これほど人間的なことはありませんよね。ここにも、人間の営みとしての経済活動の本質がとてもよく滲《にじ》み出ていると思われませんか？「この穴の開いた丸いモノは通貨だ。この通貨と引き換えに、これだけのモノが買える、そのように私は信じる。あなたがそう言うからだ。あなたの約束とそれを信じる私の決意が、この穴の開いた丸いモノに通用性を与える」。こんな感じで、通貨というものに人々が命を吹き込むのです。ここでは、是非、この点をしっかり押さえておいていただきたいと思います。

第5講義

通貨②

せめぎ合う通貨と通貨

通貨の三大機能もやっぱり人間関係次第

第4講義で、通貨を経済的風景画の中に呼び込みました。通貨に命を吹き込むのは人間たちの信頼関係でしたね。この丸いペンダントヘッドみたいなもの、あるいは長方形の浮世絵みたいなもので、リンゴが買えたり、リンゴ酒が買えたりする。そういう約束を誰も破らない。その信頼関係の下に、通貨は産声を上げました。そして、通貨が産声を上げたことで、価格というものを設定出来るようになりました。そのおかげで、人類はリンゴ1個がイチゴ何個と交換可能かというようなことで悩まないで済むようになりました。通貨で測った値段を比較すれば、悩みは一気に解消ですよね。かくして、通貨を価値尺度として使えることが、人々の経済活動を大いに活性化することになりました。

「大いに活性化」とはどういうことかといえば、それは取引が活発になったということです。リンゴ1個を手に入れるために、もはや「イチゴ、これくらいあればいいかな？　鮮度によって違うかな？　最近の人気度からすれば、こんなもんかな？」などと考えて用意するイチゴの数を決める必要はない。相手が通貨だと認めてくれる貝殻なり、穴開き銭なり、長方形の浮世絵なりを手元に「リンゴ1個の値段×欲しい個数」だけ用意していればいいわけです。こうして、通貨が価値の尺度であるということが、取引上の支払い手段としても通貨の位置づけを確たるものにすることとなりました。

そして、価値の尺度であり、支払い手段としても使えるとなれば、通貨を貯め込むことに意味が発生することにもなります。このことを称して、通貨には「価値の保全手段」としての機能がある、という言い方をします。このような形で、通貨は「価値の尺度」と「支払い（あるいは決済）手段」と「価値の保全手段」という三つの機能を持つようになったのです。

この三つは、経済学の教科書などに必ず登場する通貨の三大機能ですので、覚えておいていただいていいと思います。ただ、この集中講義を受講してくださっている皆さんにおかれては、こうした通貨の三大機能の背後にも、結局は人間たちが相互に相手をどこまで信用するか、何についてどう信用するか、という問題が横たわっていることをどうぞお忘れくださいませんよう。よろしくお願いいたします。

通貨風景を織り上げる縦糸1本、横糸2本

さて、ここからは第4講義でとりあえず封印させていただいた、通貨と通貨の関係というテーマに目を転じていきたいと思います。通貨と通貨が出会う時、そこに出現するもの。それが為替相場です。

為替相場は一つの通貨の価値を他の通貨の価値との関係で示す数字です。その意味で、通貨と通貨の力関係を示すのが為替相場だといってもいいでしょう。そのことを意識して、我々は、円がドルに対して強くなるとか、弱くなるという言い方をするわけです。何が通貨関係の強弱を決めるのか。ある通貨は他の通貨に対して強ければいいのか。弱いことにメリットがある場合はあるのか。そんな諸問題を巡って、多くの人々が日々頭を悩ませています。このような通貨的風景の絵解き術。それがこの第5講義のテーマです。

手順としては、本集中講義の基本フォーマットに従って、まず現状がどうなっているかを眺めてみるところから始めます。通貨関係の今日的風景ですね。そこを出発点として、次は歴史の逆走モードに入ります。これも、基本フォーマット通りの進行ですよね。今、なぜ我々はここにいるのか。それは、ここに来る前に我々がどこにいたのかが分からなければ、分かりません。今日の通貨的風景は、なぜ、今のような姿を呈しているのか。それを突き止めるために

は、過去の通貨的風景がどのようなものだったのかを知っておかなければなりません。だから、歴史的逆走の旅に出るのです。

さて、それではいよいよ、通貨的経済風景の絵解き旅に出かけるといたしましょう。これから、ご一緒に計4枚の通貨的風景画を見ていきたいと思います。それら4枚の絵を眺めるに当たって、まずは、皆さんと筆者の間で視点を共有しておく必要があります。見る角度が違うと絵もまるで違って見えてしまったりしますのでね。

我々の共通視点をどのように定めるかというと、その決め手になるのが、1本の縦糸と2本の横糸です。縦糸は、いうまでもなく歴史の糸です。我々は、この糸を逆走的に手繰《たぐ》り寄せていくのでしたね。それに対して、2本の横糸は通貨というテーマを巡る二つの切り口です。横糸その一が通貨の「内側と外側」の切り口です。通貨というものには、内向きの顔と外向きの顔があります。この内面《うちづら》と外面《そとづら》の関係を考えるのが横糸その一です。そして、横糸その二が通貨の「攻防と興亡」の切り口です。歴史の縦糸をたどっていくと、通貨史とは、要するに通貨間の攻防の歴史なのだということがよく分かります。この攻防における勝敗が、個々の通貨の興亡を決める。この力学が過去においてどう発揮されてきたか、そして、今、どうなっているか。これらのことが、横糸その二のテーマです。

歴史という1本の縦糸に、通貨を切る切り口の2本の横糸を絡ませることで、通貨的経済風景の全貌を絵解きしてみせようというわけです。イメージをつかんでいくために、以上で申し

通貨の横糸

		(1) 内側と外側		(2) 攻防と興亡	
		内	外	攻防	興亡
歴史の縦糸	①通貨関係の今日的風景				
	②通貨関係の戦後的風景				
	③通貨関係の戦間期的風景				
	④通貨関係の19世紀的風景				

上げたことを一つの表に整理してみると、上のようになります。

ご覧の通り、表側に「歴史の縦糸」に従って四つの通貨的風景を配置しました。①の「今日的風景」から始まって、④の「19世紀的風景」にいたるまで、下にいくほど時代をさかのぼる関係になっています。これらの4枚の絵をこれから絵解きしていこうというわけです。そして、表頭に通貨の横糸を置きました。⑴が横糸その一で、前述の通り通貨を「内側と外側」から見るという切り口です。そして⑵が横糸その二で、これは通貨の「攻防と興亡」の構図を見ようという切り口です。

この表を使って、通貨関係の謎を解き、為替相場に表れる通貨と通貨の力関係の背景を探って参りましょう。具体的には、この表中の空欄を、①～④に関して順次埋める作業を進めていきたいと思うのです。この作業が、この第5講義の課題です。多少とも、この分野について腕に覚えありという方がおいでになれば、この時点で、各空欄を自力

通貨の横糸

		(1) 内側と外側		(2) 攻防と興亡	
		内	外	攻防	興亡
歴史の縦糸	①通貨関係の今日的風景	管理通貨制	変動相場制		
	②通貨関係の戦後的風景				
	③通貨関係の戦間期的風景				
	④通貨関係の19世紀的風景				

で埋めてみていただくのも、また一興かと思います。その上で、答え合わせ的に読み進んでいただくのも面白いでしょう。もちろん、そんなの無理、ということでも全く結構です。謎解き気分さえ高まっておいでであれば、それでもう十二分です。いざ、出発。

通貨関係の今日的風景

まずは、今の通貨的風景がどうなっているかを考えるところから始めましょう。つまりは、表の空欄を埋めてみようということです。我々が生きているグローバル時代において、諸通貨の内面と外面はどんな様相を呈しているのでしょうか。そして、諸通貨間の攻防と興亡の構図はどうなっているのでしょうか。

横糸その一の「内側と外側」からいきましょう。この部分を埋めるとどうなるでしょうか。答えは上の通りです。ご覧の通り、「内」の欄に「管理通貨制」と記入されていますね。「内」は「国内的」あるいは「国内向け」を意味しています。各国がその国内においてどのような通貨制度を取っているかということを指しています。管理通貨制とは、手っ取り早くいえば、人間が通貨の価値を管理するシステムです。1万円が1万円だということを、人間が定める。一定量の金や銀と交換可能だから1万円だというわけではない。第4講義でも少し触れましたね。また、このシステムの下では、世の中に出回るカネの分量（第3講義で見た「通貨量」です）についても、人間が調整することになっています。管理通貨制の下で、通貨の価値や通貨量について総括的な管理責任を担うのが、各国の中央銀行です。その位置づけや存在意義についても、後の講義で改めて検討します。

いまや、世界中の大多数の国々が、その国内において管理通貨体制を取っています。ですから、我々にとってはこのやり方がすっかり当たり前になっている。敢えて、その意味するところを考えたりはしませんよね。管理通貨体制は、我々にとって通貨的空気のようなものとなっています。だからこそ、我々は管理通貨制の特徴や功罪について意識することがありません。ところが、かつて、世界は管理通貨制などというものを全く知りませんでした。そういう時代があったのです。その時、人々は今とはまるで違う通貨的な空気を吸って生きていました。そのような時代との比較を通じてこそ、我々は管理通貨制の世界に生きていることを実感出来るようになるのです。そのために、これから、時代をさかのぼっていこうとしているわけですが、まずここでは、今日における国々の内なる通貨体制が管理通貨制であって、その下では、通貨の価値とその流通量が人間の裁量に委ねられているのだということをご理解いただければと思います。

もっとも、これらのことが人間の裁量に委ねられているからといって、実際に、人間たちが通貨の価値や通貨量を上手くコントロール出来ているわけではありません。昨今は、「量的緩和」などという通貨量の調整の仕方が大流行りです。日本でもアメリカでも、欧州の単一通貨圏であるユーロ経済圏でも、「量的緩和」という通貨量の管理方式を採用しています。しかしながら、なかなか、いずれも思うように通貨の量を制御出来ているわけではありません。その意味で、管理通貨制とは実際には〝管理不能通貨制〟だといった方がいいかもしれません。ただ、人間にすべてが任されているという意味では、通貨というものの本質に最も近いところに到達したシステムだとはいえるでしょう。なぜなら、既に申し上げました通り、通貨はあくまでも人間と人間の信頼関係の上に成り立つ存在だからです。こうしてみれば、管理通貨制が上手くいくかいかないかは、その管理責任者たちが、どこまでその国の人々から幅広く信認を勝ち得ているかにかかっている。そういうことが出来るでしょう。

ついで、「外側」です。国々の通貨がどのような関係でお互いに結びつき合っているのか。それがここでの着眼点です。要は、為替相場がどのようにして決まっているのかということです。

答えは、ご覧の通り。「変動相場制」です。読んで字のごとく、相場が変動する方式です。

ご存じの通り、円ドル為替相場は時々刻々と変動しています。そこには、何の制約もありません。人々がどれだけ円やドルを欲しがるか、ひとえに、そのことだけによって為替相場は勝手気ままに変動する。それが変動相場制です。糸の切れた凧《たこ》のように舞い上がるかと思えば、制御不能となった飛行機のようにきりもみ降下もしてしまう。上限なく下限なく、通貨と通貨の関係がひたすら自由に遊泳する。それが変動為替相場制です。これもまた、皆さんにとってはそれが当たり前の日常ですよね。ところが、この我々にとっての当たり前を誰も夢想だに出来ない時代があったのです。その時代に向かって、次項以降、我々のさかのぼりの旅が進行します。

さて、横糸その二の方に移りましょう。通貨の攻防と興亡の構図は、今日においてどうなっているのでしょうか。該当欄を埋めてみると次の通りです。

まず攻防の方からいけば、ご覧の通り、今は「ドングリの背比べ」の世の中です。様々な通貨が似たり寄ったりの実力で押し合いへし合いしている状態です。強いて主役級を挙げれば、ドル・円・ユーロ、そして新参者ながら何かと注目を浴びる中国の人民元というところでしょう。ですが、それらの位置づけが不動のものだというわけではありません。何しろ、前述の通り、通貨間の関係は変動相場制で自由遊泳状態です。ですから、序列・優劣はめまぐるしく変わります。突然、ロシアのルーブルが降って湧いたように渦中の通貨になることもあります。オースイス・フランなどというダークホースが舞台中央に躍り出ることだってあるのです。オース

通貨の横糸

		(1) 内側と外側		(2) 攻防と興亡	
		内	外	攻防	興亡
歴史の縦糸	①通貨関係の今日的風景	管理通貨制	変動相場制	ドングリの背比べ	泥仕合
	②通貨関係の戦後的風景				
	③通貨関係の戦間期的風景				
	④通貨関係の19世紀的風景				

トラリア・ドルとか、タイ・バーツがにわかアイドルに浮上する。そのような場合もしばしばあります。ヒト・モノ・カネが自由に動くグローバル時代においては、誰も決定的な勝者にはなり得ない。通貨の攻防の世界も、そんな世界になっています。

明確な勝者がいないのですから、当然、興亡についても決着はつきません。果てしなき「泥仕合」が続く日々です。

通貨関係の戦後的風景

さて、ここからいよいよ歴史逆走探訪の始まりです。まずは、近過去です。ここでいう「戦後」とは第二次世界大戦の終戦直後から1970年代半ばまでだとお考えください。日本で「もはや戦後ではない」という言い方が出現したのは1956年のことですが、通貨の世界では、戦後体制がもう一息長続きしたわけです。

この時代の通貨的風景を見ましょう。ここからは、四つの空欄を一気に埋めてしまう方式で進めます。

はい、ご覧の通りです。比較対照のために、既に見た風景も再掲しておくことにします。まず、横糸その一の内と外をご覧ください。国々の内側では、この時代においても既に「管理通貨制」を取っていました。それに対して、外側を見れば「固定相場制」となっていますね。これも読んで字のごとし。この時代においては、国々の通貨の為替相場が固定されていて、自由に変動するということが許されなかったのです。遊泳どころか、事実上、微動だに出来ない状態でした。そして、この固定的な関係の要の位置に陣取っていたのが、アメリカのドルでした。この時、ドルは通貨の太陽系における太陽に他なりませんでした。その他大勢の通貨たちは、この太陽通貨の周りの固定された軌道に身を置いている。この軌道からはずれることは決していたしません。そうお約束することで、太陽系の仲間入りを許される。そういうシステムでした。どうしても、あらかじめ設定された軌道を守りきれなくなった場合でも、勝手気ままに遊泳することは認められませんでした。その場合は、太陽系の仲間たちにお断りして、軌道そのものを変更するのです。文字通りの軌道修正です。

このドルを軸とする通貨の太陽系を、世に「ブレトンウッズ体制」と呼びます。アメリカはニューハンプシャー州のブレトンウッズ地域の会合で、このシステムに国々が合意しました。それが１９４４年のことでした。そして、このシステムを管理運営するための国際機関とし

通貨の横糸

		(1) 内側と外側		(2) 攻防と興亡	
		内	外	攻防	興亡
歴史の縦糸	①通貨関係の今日的風景	管理通貨制	変動相場制	ドングリの背比べ	泥仕合
	②通貨関係の戦後的風景	管理通貨制	ドル基軸型固定相場制	ドル対その他	滅びゆくドル
	③通貨関係の戦間期的風景				
	④通貨関係の19世紀的風景				

て、1947年にIMF（国際通貨基金）が業務を開始しました。この体制の中で、円についても、1ドル＝360円という固定レートが設定されることになりました。

あっさりここまで書き進んでしまいましたが、皆さんはとても気になっておいでの点がありますよね？　名探偵なら、ここでどうしても発したくなる質問があるでしょう。そう、それは、そもそも、「ブレトンウッズ体制」の太陽系において、なぜ、ドルが太陽の位置を取れたのかということですよね。ドルに太陽的輝きを帯びさせた要因は何だったのでしょうか。答えは二つです。

第一に、この体制が発足する時点においては、アメリカ経済が突出して強い経済となっていました。第二次大戦の敗戦国となった日本とドイツはもとより、欧州の戦勝国の経済も、戦時中にすっかり疲弊していました。要は、見渡す限り焼け跡経済状態でした。そんな戦後風景の中にあって、概ね無傷状態で屹立《きつりつ》していたのがアメリカだったのです。疲れ切ったその他大勢にとって、アメリカが唯一の頼りになる存在でした。

第二に、ドルの輝きは金の輝きでした。第二次大戦が終戦に向かう中で、世界各地から金がアメリカに流入するようになったのです。なぜそうなったかについては、様々な理由づけがなされています。この点については、詳しくは拙著の『もうエコノミストに騙されないために紫炎のＭＢＡ講義録』(毎日新聞出版、２０１５年)でご確認いただければと思います。いずれにせよ、様々な理由があいまって、終戦を迎えてみれば、世界の貨幣用金のおよそ7割がアメリカに集まってしまっていたのです。そのことを強みとして、アメリカはドルの「対外的金本位制」を宣言したのです。

金本位制が何物であるか、そしてその対外的側面と国内的側面との関係がどうなっていたかなどについては、次の2項で取り上げます。ここでは、「ブレトンウッズ体制」の発足時において、ドルが世界中で唯一、決まった交換比率でいつでも金に換えられる通貨となった、ということを覚えておいていただければ結構です。具体的には金1オンス＝35ドルという交換比率が設定されました。アメリカ以外の国々の政府や中央銀行は、いつでも、この交換比率で手持ちのドルを金に換えてくれるよう、アメリカに要求することが出来ました。そのような要求をアメリカは決して拒否しない。どうぞ、いつでもドルの金交換をご請求ください。アメリカは戦後の世界に対して、このように宣言したのです。胸を張ってそのように言い切れますよ。そう大見得を切ってみせることで、アメリカは太陽通貨国としての輝きを我が物としたのでし

図2　戦後の国際金融は"ドルの太陽系"だったが……

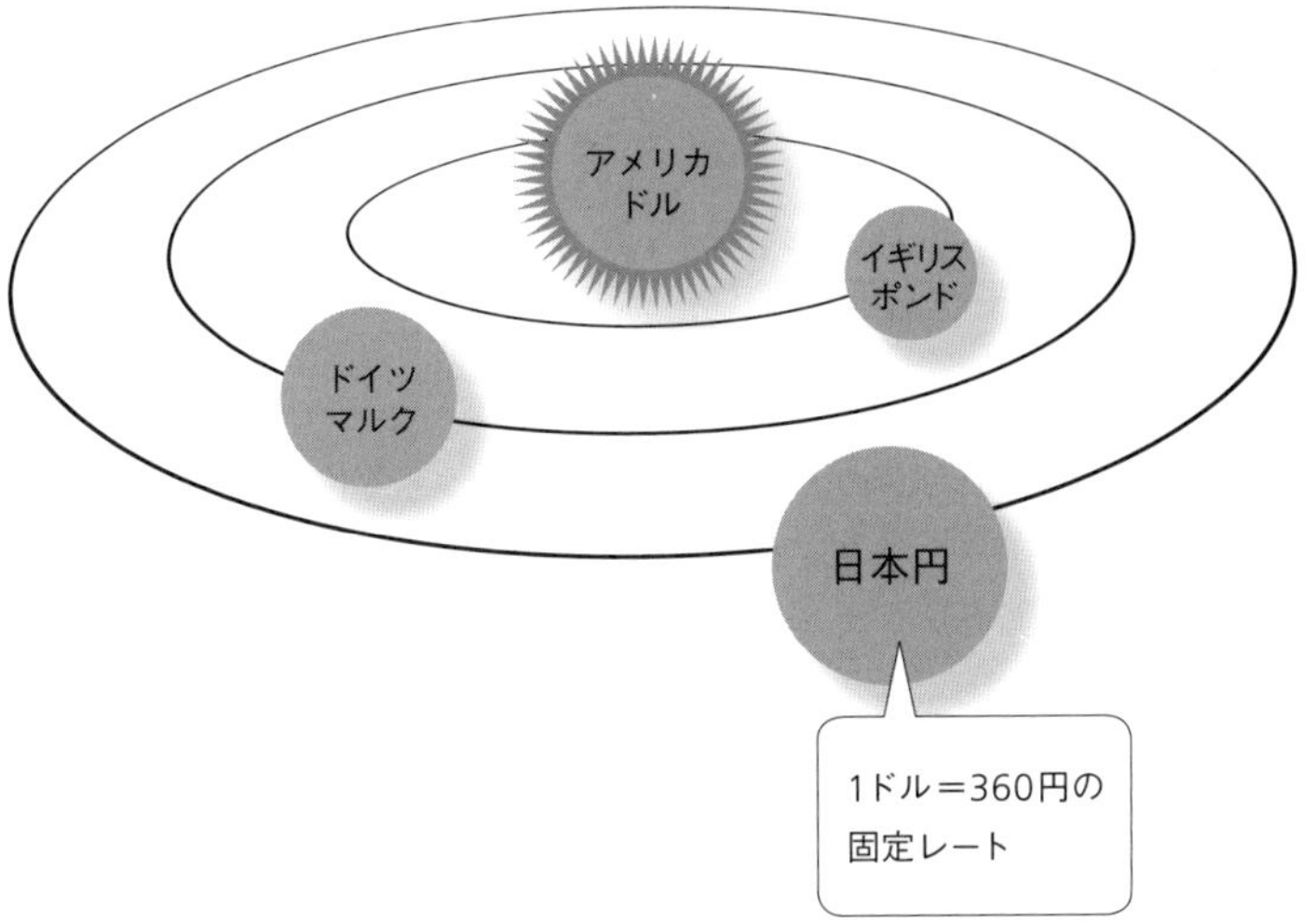

ブレトンウッズ体制

1944年7月に合意された、ドルを基軸通貨とする固定相場制。35ドルで金1オンス（約30グラム）と交換可能。
戦後の通貨金融体制を維持するため国際通貨基金（IMF）と国際復興開発銀行（IBRD 後の世界銀行）が設立された。

日本やドイツの経済復興、国際情勢の変化などからアメリカの金は準備高不足に……

ニクソン・ショック

1971年8月15日、アメリカのニクソン大統領がドルと金の兌換《だかん》停止を発表。1973年から段階的に変動相場制へ。

た。

さて、ここまで来ると、通貨の攻防と興亡の欄への書き込みの意味についても、およそ察しがおつきになることかと思います。攻防は、太陽通貨とその他大勢の対決になりました。その他大勢が一様に焼け跡経済だった間は、攻防そのものに発生余地がありませんでした。

しかしながら、日本が驚異的なスピードで戦後復興を遂げ、欧州諸国の再生も順調に進む中で、アメリカ経済の突出振りも次第に修正されていくことになりました。アメリカが援助資金としてドルを提供してくれる。そのドルで、アメリカから復興のための資材や機械を買う。このサイクルに日欧が頼らざるを得ない状態が続く限りにおいて、ドルは通貨の太陽であり続けることが出来ました。ですが、日欧の復興が進んでアメリカからの援助資金や物資供給への依存度が低下するにつれて、太陽通貨ドルの輝きも次第に色あせていったのです。

もうそんなにドルはいらない。復興が進むとともに、他の国々はそのように考えるようになりました。アメリカからもうそんなにモノを買わなくてもよくなった。それなのに、手元にはドルが溜まってきている。この余り気味のドル、今のうちに金に換えてもらっておいた方がいいかもしれない。アメリカの手持ちの金が少なくなる前に……。ドルの太陽系に属している国々がそう考え始めるにいたって、太陽系そのものの屋台骨が揺らぎ始めることになりました。そして、ついにはアメリカがドルの対外的金本位制について敗北宣言を打ち出す時が来ました。もはや、皆さんから殺到するドルの金交換要求にアメリカは応じることが出来なくなりました。ごめんなさい。金と同じ輝きを持つドル・ショップは、これにて閉店でございます。そのようにアメリカが白旗を上げたのが、1971年8月15日のことでした。これが、世にいう「ニクソン・ショック」です。時のリチャード・ニクソン大統領が敗北宣言の発信人だったので、この名前がつきました。

この敗北宣言によって、ドルを軸とする固定為替相場制は崩壊の道をたどることになりました。束の間の悪あがきを経て、結局は、段階的に変動為替相場制に移行するという展開になりました。それが1973年のことです。かくして、通貨の戦後的風景は1970年代半ばをもって終わりを告げました。いまなお、ドルは国際通貨として主役たちの一角を占めてはいます。しかしながら、もはや、ドルを軸とする通貨の太陽系は存在しません。ドルは太陽通貨ではなくなっているのです。その意味で、通貨の世界においても、間違いなく、もはや戦後ではなくなっているのです。

通貨関係の戦間期的風景

ドルが太陽通貨でなくなったことで、通貨の世界の戦後は終わりました。前述の通り、太陽通貨としてのドルの寿命が尽きたのは、ドルが対外的金本位制を維持出来なくなったからでした。

それでは、ドルの命運をこのように大きく左右した金本位制とは、そもそも、どのようなものだったのでしょうか。それを突き止めるために、歴史的逆走をさらに進めていきましょう。逆走の旅の次の宿場は、戦間期です。すなわち、第一次世界大戦（１９１４〜１９１８年）と第二次世界大戦（１９３９〜１９４５年）の間の時期です。この期間の中で、通貨関係という意味で特に重要なのは、１９２０年代半ばから１９３０年代半ばの時期です。この間の通貨的風景を整理すれば、次の通りです。

ご承知の通り、この時期は世界史全体として見ても重苦しい不安感に満ちた時でした。第一次大戦の名残が尾を引き、それが第二次大戦の予感を引き寄せる。そんな時代状況が人々に重くのしかかっていました。そうした全般的空気の中で、通貨的風景も色調暗く、波乱に満ちたものとなったのです。

まずは、横糸その一から見ていきましょう。ご覧の通り、内にあっては、当時の一般的な通貨制度だった金本位制が崩れゆき、対外的には固定相場制が激動に見舞われるという時代だったのです。この当時、人々はまだ管理通貨制というものを知りませんでした。国々の通貨は、すべて金との交換比率でその価値が定められていたのです。そのため、管理通貨制の下のように、人間の裁量で世の中に出回る通貨の量を決めることは出来ませんでした。金本位制は、端的にいって「金《キン》の切れ目が金《カネ》の切れ目」となるシステムでした。国々は、自らが保有している金《キン》の分量に対応してしか、金《カネ》を発行することが出来ない。この物理的制約が通貨量を決める仕

通貨の横糸

		(1) 内側と外側		(2) 攻防と興亡	
		内	外	攻防	興亡
歴史の縦糸	①通貨関係の今日的風景	管理通貨制	変動相場制	ドングリの背比べ	泥仕合
	②通貨関係の戦後的風景	管理通貨制	ドル基軸型固定相場制	ドル対その他	滅びゆくドル
	③通貨関係の戦間期的風景	崩れゆく金本位制	激動する固定相場制	英米仏三つ巴	滅びゆくポンド
	④通貨関係の19世紀的風景				

組みだったのです。

通貨の価値が金《キン》の一定量との関係で決まっている以上、この物理的制約があるのは当然でした。例えば、日本が円の金価値を金１オンス＝１円と定めたとしましょう。ここで、日本国の保有金の分量が１００オンスだったとすれば、日本国が安心して発行出来る円は１００円分が限界です。１００オンスしか金を持っていないのに、２００円分も円を発行してしまったら、そのうち、１００円分については、いくら金に換えて欲しいといわれても、お断りするしかありません。１円に金１オンスの価値があるといいながら、実は金０オンスの価値しかない１円が存在する。そんな状態が発生することを許すわけにはいきません。それでは、何のための金本位制か分からなくなってしまいます。したがって、「金《キン》の切れ目が金《カネ》の切れ目」となるわけです。むろん、ここまで厳密に１対１の関係で金《カネ》の発行量を金《キン》に結びつけていたわけではありませんが、それにしても、実はほんの少ししか金《キン》を持っていないのに、それとはお構いなしに通貨を発行するなどということは出来なかったわけです。

金本位制はそれなりによく出来たシステムでした。無責任な通貨発行を許さないという意味で、実に安心出来る仕組みだったことは間違いありません。しかしながら、その裏を返せば、国々の経済成長を著しく制約するシステムだったということでもあります。経済活動をどんどん拡大したい。そのために必要な金《カネ》をどんどん発行したい。それなのに、金《キン》の切れ目がそれを許してくれない。戦間期の世界経済は、その制約に苦しむこととなりました。金本位制の拘束を振りほどく。その方向に向かって世界が動き始めたのが、この時期でした。

ここで、横糸その一の対外的側面に目を転じてみましょう。そこには、「激動する固定相場制」と書き込まれていますね。戦間期においても、諸通貨は固定為替相場制によって結びつけられていたのです。戦後のブレトンウッズ体制と同様、通貨の太陽系方式です。ただし、この時代において太陽の位置を占めていたのは、ドルではありませんでした。太陽のポジションについていたのは、金《キン》でした。各国の通貨が、それぞれ国内的な金本位制に基づいて、特定の金価値を持っている。それぞれの金価値を介して、各国通貨間の固定為替関係が決まる。そういう方式でした。

例えば、戦間期のある時期、日本は円の金価値を金1オンス＝41・47円と定めていました。一方、同じ時期のイギリスはポンドの金価値を金1オンス＝4・25ポンドに設定していました。この関係から計算すれば、当時の円とポンドの交換比率は1ポンド＝9・76円だったということになるわけです。このように、それぞれの金価値を介して、すべての国々の通貨の間に固定的な為替相場が成り立っていたということです。

ところが、各国の国内において金本位制の屋台骨が揺らぎ出すとなれば、当然、それを土台とする固定為替相場制も崩壊に向かうことになります。戦間期は、こうして内側からも外側からも、通貨の世界が大きく揺り動かされる時代だったのです。

通貨戦争から「管理通貨制」へ

このことが、通貨の激しい攻防と興亡にもつながっていきました。攻防の欄には、ご覧の通り、「英米仏三つ巴《どもえ》」と記入されています。戦間期は、この3カ国の間における通貨戦争の時代でした。イギリスがいち早く金本位制の拘束を振りほどき、自国通貨の価値をどんどん切り下げる行動に出ました。自国の輸出を伸ばして経済成長を促進するためです。ここでご記憶が蘇《よみがえ》るでしょうか？　自国通貨の価値を切り下げることとの経済効果について、この集中講義の中で既に検討しましたよね？　大丈夫ですか？　第1講義ですよ、第1講義！　筆者の少女時代の経済的謎解きとの出会いの場面です。お忘れの方は、どうぞご遠慮なくページを繰り戻してご確認ください。

ご確認いただいた上で、先に進みましょう。脱金本位制後のイギリスのポンド安攻勢には、当然ながら他の国々が黙っていませんでした。それはそうですよね。イギリスの輸出が伸びるということは、他の国々にとってはイギリスからの輸入が増えることを意味します。輸入が増えれば、輸入品と競合する国産品は売れなくなります。しかも、ポンド安になれば、他の国々の対英輸出品はポンド建てで割高になりますから、売れ行きが落ちます。かくして、イギリスの貿易相手国たちは、輸出入両面にわたって不利益を被ることになります。これを放置するわけにはいきません。まずは、アメリカがイギリスに追随して金本位制を放棄し、ドル安による反撃に出ました。そうした中で、最後まで金本位制の維持にこだわったのがフランスでしたが、結局は我慢し切れず、通貨安戦争に引きずり込まれていくこととなりました。

この通貨戦争は、結局のところ、国々から経済的体力を奪うばかりで、勝者なき消耗戦でした。この不毛な争いに何とか決着をつけようというので、１９３６年に英米仏の間で「三国通貨協定」が締結されました。通貨戦争の休戦協定です。

三国通貨協定は二つの意味合いにおいて画期的な協定でした。第一に、この協定が締結されたことによって、管理通貨制が通貨の世界にデビューを果たすことになりました。この時をもって、国々は国内において「金《キン》の切れ目が金《カネ》の切れ目」の方式を最終的に放棄したのです。第二に、それにもかかわらず、アメリカだけは対外的に固定レートでドルと金との交換を続けることを宣言しました。その時のドルの金価値は金1オンス＝35ドルに設定されました。ここで、「おっ⁉」と思われますよね。そうです、戦後のブレトンウッズ体制下におけるドルの金価値と同じです。かくして、通貨関係の戦後的風景につながる道が、この三国通貨協定によって開かれたのでした。

この時、アメリカだけが金1オンス＝35ドルの対外的金本位制を維持した背景はなかなか複雑です。その内容に立ち入ることは、少々、この集中講義の守備範囲を超えると思いますので、この点は省略させていただきます。敢えてざっくりいえば、三国通貨協定を成立させるための妥協と、国内における通貨体制の激変回避のための対応だった。そのように整理しておいて、大きな間違いはないと思います。いずれにせよ、ここで重要なことは、対外的に金1オンス＝35ドルの関係を維持する代償として、アメリカが大きな誓約を他の二国から取りつけたことです。

その誓約とは、英仏両国が「国際為替関係における最大限の均衡を維持する」ことに尽力するというものでした。ありていにいえば、英仏が自国通貨をドルに対してどんどん切り下げるという行動を取らないということです。要は、もう二度と為替戦争をしかけないという誓いを彼らに求めたわけです。彼らがこの誓いを破ったとみなされた場合には、アメリカは24時間前の予告をもって、金1オンス＝35ドルによる金売却を停止することが出来る。そういうことになりました。そのおかげで、三国通貨協定に「24時間金本位制」などというあだ名がついたりもしたのです。要するに、アメリカはいわば1オンス＝35ドルの対外的金本位制を人質に取って、英仏両国から自国通貨の価値を大きく引き下げないという言質《げんち》を取ったわけです。

ここでまた、「おっ?」と思われますよね。そうです。これまた、戦後のブレトンウッズ体制と同じですよね。金と同じ輝きを持つドルに対して、他の国々は自国通貨の価値を一定レベルに維持することを約束する。各国が守るべき通貨価値、つまり為替相場こそ数値的には明示されませんでしたが、この仕組みが、戦後のドルを軸とする太陽系方式の固定為替相場制の基盤となったことは間違いありません。そして、第二次世界大戦が終結してみれば、経済力も金も圧倒的にアメリカに集中していた。このことをテコとして、三国通貨協定をバージョン・アップした形で戦後の通貨的風景が出来上がった。そのように考えていただいていいでしょう。

この経緯から分かる通り、英米仏三つ巴の通貨の攻防は、アメリカの圧倒的な勝利に終わりました。そのことを通貨の興亡の観点から見れば、ポンドの没落とドルの興隆の時代に入ったことを意味していました。かつては、大英帝国の盟主であり、金も豊富に持っていたイギリスが通貨の世界においても王者の位置づけにありました。それが、通貨戦争が終わった時点では、アメリカの顔色を見ながらポンド相場を管理しなければならないポジションに転落していたのです。この時点における通貨の興亡の構図は極めて明白でした。しかしながら、おごる平家は久しからず。既に見た通り、戦後の通貨的風景がその終幕を迎える中では、かつてポンドがたどった下り坂をドルが転がり落ちることとなったのです。

通貨関係の19世紀的風景

通貨の横糸

		(1) 内側と外側		(2) 攻防と興亡	
		内	外	攻防	興亡
歴史の縦糸	①通貨関係の今日的風景	管理通貨制	変動相場制	ドングリの背比べ	泥仕合
	②通貨関係の戦後的風景	管理通貨制	ドル基軸型固定相場制	ドル対その他	滅びゆくドル
	③通貨関係の戦間期的風景	崩れゆく金本位制	激動する固定相場制	英米仏三つ巴	滅びゆくポンド
	④通貨関係の19世紀的風景	金本位制	金基軸型固定相場制	ポンド	君臨するポンド一人勝ち

さて、通貨的風景の歴史を逆走する旅は、いよいよここが終着点です。ここから始まった展開が、時を経て今日の通貨的風景に到達したわけです。通貨関係の19世紀的風景を整理すれば、上の表の通りです。

いかがですか？　結構、シンプルな構図ですよね。国々は、内にあっては「金《キン》の切れ目が金《カネ》の切れ目」の通貨体制を取っている。そして、対外的には金《キン》を軸とする固定為替関係で結びつけられている。この構図の中で、太陽系の太陽ではないが、少なくとも太陽系の中の突出して強力な王者として君臨していたのが、ポンドでした。いち早く産業革命を成し遂げて世界の工場となり、しかも、それ以前から世界の金融センターとして通貨の流れを支配し、交通整理していたのがイギリスでした。そのイギリスが金本位体制を取っていたから、他の国々も、イギリスの経済力の恩恵にあずかりたければ、それに追随せざるを得ない。そのような関係でしたから、そこには攻防も興亡もない。ひたすらポンドが君臨する通貨的風景でした。

しかしながら、ここでもやっぱり、おごる平家は久しからず、20世紀に入ると次第にイギリス経済は疲弊し、他の国々が経済力をつけてくる。特にアメリカという新興勢力の出現によって、ポンド一人勝ちの構図は大きく揺らぎ、前項で見た為替戦争の世界へと突入していったのです。

ここで、改めてすべての欄が埋まった歴史の縦糸と通貨の横糸のマトリックスをご覧ください。①と④の対照的な姿が一目瞭然ですよね。通貨の横糸その一において、19世紀的風景は「金本位制」と「金基軸型固定相場制」の組み合わせになっています。そこには、人間の裁量が入り込む余地も、為替相場が大きく変動する余地もありません。それに対して、今日的風景には、全くしっかりした枠組みというものがありません。内なる通貨制度は「管理通貨制」ですから、通貨発行に制約はありません。諸通貨の対外的価値も全く勝手に変動してしまいます。

横糸その二についても、同様です。19世紀の風景は、ひたすらポンドが王様として胸を張る風景です。一方、今日の通貨的風景においては誰も決定的に抜きん出ることが出来ない。覇者なき構図です。その中で、ドングリたちの押し合いへし合いの泥仕合が日々繰り返されているのです。

さて、ここで集中講義の通貨編はひとまず終わりといたしましょう。折に触れて立ち戻る領域ではありますが、次回は視点を「通商」というテーマに移したいと思います。

通貨がカネの世界なら通商の世界の主役はモノということになります。既に見た通貨の決済機能は、基本的にモノの取引をスムーズに進めるための機能です。モノあってのカネ。そしてさらにいえば、ヒトがいてこそのモノとカネなわけですが、今の世の中においては、とかく、カネがヒトもモノも振り回しがちですよね。しかしながら、我々、経済名探偵を目指す者たち、経済的風景画の絵解き師の道を究めようとする者たちは、そんな流れにばかり身を任せていてはいけません。モノの世界が今どうなっているのか。そして、なぜそうなっているのか。これからどうなっていきそうなのか。どうなると、こうなる？　こうなると、どうなる？　この基本的な問いかけを、通商的風景の絵解きにも当てはめて参りましょう。

第6講義

通商①

TPPの正体見れば

ターナーかゴッホか、通商と通貨の風景格差

ここまで、2回の講義を費やして通貨について考えてきました。この第6講義と続く第7講義では、通商の世界に目を転じたいと思います。「通商」を辞書で引けば、「外国と交通し商業取引をすること。交易」とあります。つまりは、貿易のことです。と、このような説明を要するほど、どうもこの通商という言葉は、世の中にとって馴染みの薄い言葉になってしまったようです。現に、筆者もかつて通商という言葉を本のタイトルで前面に出そうとしたところ、版元から、それでは本が売りにくいと苦情を頂戴してしまったことがあります。「通貨」なら読者の関心は大いに引き寄せられる。だが「通商」では、そもそも言葉自体に「？」感を持たれてしまう。そういうことでした。

これにはびっくりしました。なぜなら、筆者が駆け出しエコノミストだった頃には、人々の関心はもっぱら通商に向かっていました。日米通商摩擦の成り行きはどうなるか。国々の間の

通商交渉はどう決着するか。そんなことが、結構、お茶の間の関心を呼ぶ時代だったのです。概ね1970年代いっぱいまでがそんな時期だったでしょうか。ところが、いまや、注目度ランキングにおいて通商はすっかり通貨に追い抜かれてしまったというわけです。

さて、ここで本集中講義の第3講義の記憶を蘇らせていただければ幸いです。その中で、「経済的風景画の全体像についていえば、（中略）ヒト・モノ・カネの三者関係がどのように描出されているかがポイントになります」と申し上げました。そして、「ヒトによるモノづくりを支えるカネ回し」という役割分担が確立していると、経済的風景画に安定感が出る、ということもいいましたね。ここに通商の要素を加えてみましょう。すると、新たに「ヒトによるモノづくりとモノ交換を支えるカネ回し」という構図が出来上がります。人々がモノをつくり、つくったモノを互いに交換する。そのプロセスが滞りなく取り運ぶように、カネも人々の間を行き来する。ひたすらこんな具合に世の中が回っていれば、経済的風景画はいたって穏やかな風情を見せます。

穏やかな風景画の名手といえば、イギリス人トリオのターナー、コンスタブル、ゲインズボローを思い浮かべられる方も多かろうと思います。日本でも、しばしば、この三人を揃い踏みさせて「イギリス風景画展」などというのが開催されたりします。彼らが描く穏やかな田園風景。それが「ヒトによるモノづくりとモノ交換を支えるカネ回し」の図です。それに対して、カネがヒトとモノのために控える脇役の分際をわきまえず、主役の位置に躍り出てしまうと、風景画はすっかりざわついてくる。ここで思い浮かぶのは、晩年のゴッホの作風ですね。暗い空にクネクネと突き刺さるあの糸杉の群れ。絵としてはこっちの方がイギリス人トリオのものよりはるかに面白いですが、経済的風景画としては、あまりゴッホ的になると怖いことになります。

そういうわけで、カネの世界ばかりをのさばらせているわけにはいきません。本講義では、ヒトとヒトとの間のモノ交換の舞台、すなわち通商の世界をしっかり見ておくこととといたしましょう。

通商風景の縦糸1本と横糸2本

ここでも、基本的に第5講義で採用したのと同じ段取りでお話を進めていきたいと思います。通貨の場合と同様、通商に関しても、4枚の風景画を絵解きしていくこととしましょう。そのために、ここでもやはり縦糸と横糸をより合わせながら時代を逆走していく方式を採りたいと思います。この発想に則《のっと》って、通貨関係について作成したのと同じような表を通商関係についてもつくってみると、次のようになります。

ご覧の通り、この場合にも縦糸は歴史です。そして、今回も横糸は2本あります。その一が通商秩序、その二が通商理念です。秩序って何？　理念って何？　両者はどう違うの？　そん

通商の横糸

歴史の縦糸		(1) 通商秩序	(2) 通商理念
	①通商関係の今日的風景		
	②通商関係の1990年代的風景		
	③通商関係の戦後的風景		
	④通商関係の戦間期的風景		

な疑問が湧き出ておいでのことと思います。いささか七面倒臭くてごめんなさい。ただ、経済的謎解きの旅の途上では、これらの言い方に比較的よく出会うので、それなりに慣れ親しんでおいていただいて悪くないと思うのです。

ざっくりいえば、秩序は仕組み、あるいは枠組みといっていいでしょう。それに対して、理念は精神です。心がけといってもいいと思います。秩序は形、理念は心。そういったところです。通商関係の今日的風景の中で、国々はどのような心がけに基づき、どのような形で通商、すなわち貿易を営んでいるのか。そうした今日的風景は、どのような歴史的経緯の中で出来上がってきたものなのか。今の通商的風景と昔の通商的風景はどう違うのか。なぜ違うのか。これらのことを絵解きしていきたいと思います。

自由貿易をもたらさない「自由貿易協定」

通貨の場合と同様に、通商関係についても、その今日的風景をズームアップするところから始めたいと思います。その結果が次表です。横糸その二の通商理念の欄が空欄になっていますが、ここは後ほど埋めますのでしばしお待ちください。

まずは、横糸その一の通商秩序の欄をご覧ください。そこには「ＦＴＡの秩序なき蔓延」と記入されていますね。ＦＴＡをフルネームでいえば、Free Trade Agreement つまり自由貿易協定です。自由貿易協定という字面から考えれば、これはすなわち自由な貿易を進めるための協定だという感じになりますよね。果たしてそうでしょうか。「秩序なき蔓延」とはどういうことでしょうか。ここで「蔓延」というマイナス・イメージの言葉を使っている意味は何でしょうか。秩序のあり方を書き込む欄に「秩序なき」という言い方が出てくるのはなぜでしょうか。この辺から、今日の通商風景の絵解きを始めることにしましょう。なお、ＦＴＡとは別にＥＰＡ（Economic Partnership Agreement　経済連携協定）という言葉も最近の通商の世界にはしばしば登場します。ただ、これも大別すればＦＴＡの延長上にあるものですから、ここでは、ひとまずＦＴＡという言葉に一本化して話を進めて参ります。

そういわれても、そもそも、いきなりＦＴＡなどという言い方が出てくると、それ自体がなんかピンとこないなぁ。今、そう思われてます？　そうですよね。無理はありません。それでは、ＴＰＰはどうですか？　「ＴＰＰ協定文に署名」とか、「どこへ行くＴＰＰ」。こんな見出しがネットや新聞紙上でお目に留まったことがありませんか？　ＴＰＰは Trans-Pacific Partnership（環太平洋パートナーシップ）の頭文字です。通商をテーマにすると、どうして

通商の横糸

		(1) 通商秩序	(2) 通商理念
歴史の縦糸	①通商関係の今日的風景	FTAの秩序なき蔓延	
	②通商関係の1990年代的風景		
	③通商関係の戦後的風景		
	④通商関係の戦間期的風景		

もこんな調子で頭文字用語がたくさん出てきます。貿易を巡っては、長ったらしい名前の取り決めが国々の間で多々取り交わされてきました。それらをいちいちフルネームで語ることを人々が面倒臭がって、こういうことになっているのでしょうね。

筆者は必ずフルネームを使うようにした方がいいと思うのですが、幅広く慣例化してしまっていることなので、一応我慢して付き合っています。その代わり、フルネームを自分が覚えていない略称は使わないよう心がけています。通商の領域に限らず、この点には注意しています。皆さんも是非そのようにされることをお勧めします。自分が意味を理解していない言葉を使うことは、とても危険です。分かっているような気になっているうちに、すっかり騙されてしまうかもしれません。ちなみに、日本語では、最近になって、TPPをもっぱら「環太平洋経済連携協定」と表現するようになっています。実はこの日本語名称も二転三転していて、その背景などをたどっていくとなかなか面白いのです。ただ、そこに踏み込んでしまうと集中講義が3年越しの講義になってしまいそうなので、それは断念します。強いご関心がおありの向きは、拙著の『2時間でいまがわかる！　誰も書かなかった世界経済の真実　地球経済は再び斬り刻まれる』（アスコム、２０１２年）などをご参照ください。

おっと失礼しました。お説教まじりの余談はともかく、ＴＰＰというのは、要するに環太平洋地域の国々の間でＦＴＡすなわち自由貿易協定を取り結ぼうという構想なのです。したがって、今をときめくＴＰＰとは何なのかを分かりたければ、そもそもＦＴＡというものがいかなるシロモノであるのかを理解しておかなければいけません。

端的にいって、筆者は、そもそもこの自由貿易協定というネーミング自体に強い違和感を抱いています。ＴＰＰをはじめとして、自由貿易協定あるいは経済連携協定として位置づけられている貿易取り決めは、今の世の中に実にたくさんあります。ネット検索などしてみていただければ、リストがすぐ見つかりますのでご確認ください。筆者には、それらのいずれにも自由貿易協定という名前がふさわしいとは思えないのです。看板に偽りありとしか思えません。それら諸々の取り決めに、その特性を正確に反映する名称をつけ直すとすれば、どうなるでしょうか。それは「相手特定・地域限定型排他貿易協定」だ。筆者はそう思うのです。

ＴＰＰについて考えてみましょう。この通商協定に参加しているのは日米を含む12カ国です。具体的には、アメリカ、オーストラリア、カナダ、シンガポール、チリ、日本、ニュージーランド、ブルネイ、ベトナム、ペルー、マレーシア、メキシコです。つまり、顔ぶれが特定された国々の間で交渉が進められたということです。不特定多数が参加しているわけではありません。要は会員制組織です。この組織の会員となるための諸々の条件を巡って、会員候補者たちがアレコレ主張をぶつけてごね合ってきたのです。そして、地域的にもTrans-Pacific Partnershipと銘打っているくらいですから、明確な限定性を打ち出しているわけです。

ただし、今後に加盟希望国が出てきた場合、彼らの受け入れを拒否するという構えではありません。会員規定に従うのであれば、新規加盟も容認するという姿勢は取られています。「環太平洋」という地域限定性についても、今後かなり弾力的な解釈が適用されるケースもあり得るかもしれません。明らかに環太平洋国家だとはいえなくても、魅力的な相手なら手を差し伸べるかもしれません。逆に、十分に環太平洋国家とみなされる資格ありと思われる相手でも、気に食わなければ拒否する場合もあるでしょう。このような観点から、常に何かと取り沙汰されてきたのが中国です。「環太平洋」という設定は、ひょっとしても中国を排除するための意図的な地域限定の仕方なのか。はたまた、一転してどうしても中国を受け入れたいような事情が発生すれば、中国もまた環太平洋国家だと解釈してしまうのか。

このように、FTA型貿易協定の相手特定性も地域限定性も、一度決めてしまえば全く融通を利かせる余地がないというわけではありません。ですが、だからといって事の本質には変わりがありません。特定する相手の範囲は変わるかもしれない。限定する地域の境界についても柔軟解釈が適用されるかもしれない。しかしながら、そのことによって、相手を特定し、地域を限定するという原則が変わるわけではありません。

相手特定的で地域限定的な通商協定が締結されると、何が起きるでしょうか。そこに出現してくるのが、排他性です。会員制クラブをつくれば、当然ながら、そこに入れない人々が出てきます。彼らは、そのクラブから排除されることになります。かくして、相手特定的で地域限定的な通商協定は、おのずと排他性を帯びることになるわけです。

このような性格を持つＦＴＡが、国々の間で無原則的にどんどん取り交わされていく。それが現状です。誰かが誰かとＦＴＡを締結すると、その関係から排除された別の誰かと誰かが別のＦＴＡ関係を追求する。それらのＦＴＡからいずれも排除された他の誰かたちが、さらに別個のＦＴＡで仲間づくりを進め始める。そのような形でＦＴＡが四方八方に向かって増殖していく。そのような実態を、前掲の表中で「秩序なきＦＴＡの蔓延」と表現した次第です。

崩れゆく学園風景　仲間割れが生む仲間割れ

ＦＴＡが秩序なく蔓延していく通商関係の今日的風景は、さながら、仲間割れと仲間はずれですっかりズタズタに分断されていく小学生たちの教室風景のごとしです。ＦＴＡブームが起きる前の教室の中では、誰もが誰とでも仲良しになれた。誰が誰とおしゃべりするのも自由。

誰が誰と遊んでもいいし、そこに誰が仲間入りして来ても構わない。誰かと親友になったからといって、昨日までの親友と絶縁しなくてはいけないなどということはない。そもそも、みんながみんなの親友だから、誰も親友関係の中から排除されることはない。少々話を先走らせてしまえば、後ほど通商関係に関する3枚目の絵としてご覧いただく「通商関係の戦後的風景」を構築するに当たって、国々は上記のような麗《うるわ》しい学園風景の描出を試みたのです。実際にはなかなか画家たちの思い通りにはいきませんでした。その辺の経緯は後ほど見ることにしますが、少なくとも、戦後において新たな通商秩序を作り上げようとした時、人々は、誰もが誰とでも常に親友であり得る仕組みの実現を目指したのでした。

ところが、今日の通商関係はこの理想的教室風景から遠ざかる一方です。教室の中の小学生たちは、どんどん排他的な仲間づくりを進めてしまって、それぞれの派閥の中に引きこもってしまう。これは実に不幸なことです。不幸ですし、やたらと物事を複雑にします。例えば、以前から仲良しだったAさんとB君がいたとします。ところが、AさんはTPPグループに参加し、B君はTPPグループ不参加ということになったとしましょう。さらに、B君は、行きがかり上、TPPグループの向こうを張って別の面々が結成したグループに入らざるを得なかったとしましょう。ここで、二人の間にはすっかり壁が出来てしまいます。ロミオとジュリエット状態ですね。この壁を乗り越えて二人が仲良し状態を維持するためには、どうするか。思い切ってAさんはTPPグループを離脱し、B君も非TPPグループを飛び出すという手はあります。ですが、それでは二人ともすっかり教室内の爪《つま》はじき者になってしまいます。いくら二人の絆が固くても、全面孤立状態では日常生活がやりにくくて仕方がありません。そこで結局、彼らはＴＰＰグループでも非ＴＰＰグループでもない第三組を結成することになります。それぞれ、元の組にも所属したまま、別の組をつくるのです。

すると、今度はこのロミオとジュリエット組に別の誰かがすり寄ってくるかもしれない。そのおかげで新たに仲間はずれ気味になってしまう面々が発生すれば、彼らはまた別のグループをつくって対抗することになるでしょう。こうした動きがさらに第二、第三のロミオとジュリエットを作り出すことになりかねません。すると、また別のグループが出来て……という具合で、事態は全く収拾がつかなくなります。誰が誰とどう結集しているのか。誰が誰とどういう付き合い方をしているのか。何が何だか分からない混迷の中で、教室全体としての統一感や連帯感はすっかり失われてしまいます。これでは、みんなで一致団結して何かを成し遂げようとしても、到底無理です。実に悲しい学園風景ですね。

相互主義の台頭にご用心

さて、ここまで来ると、先の表中で空欄になっていた横糸その二の通商理念の部分を埋めることが出来ます。その結果は次の通りです。

通商の横糸

		(1) 通商秩序	(2) 通商理念
歴史の縦糸	①通商関係の今日的風景	FTAの秩序なき蔓延	不自由化・差別化・相互化
	②通商関係の1990年代的風景		
	③通商関係の戦後的風景		
	④通商関係の戦間期的風景		

秩序が仕組みなら、理念は精神でしたね。無限に錯綜《さくそう》する離合集散のＦＴＡ網によって、通商学園の教室風景がズタズタに切り刻まれてしまうとどうなるか。クラスとしての秩序は失われてしまいますよね。つまり、クラスという仕組みの崩壊です。すると、その中を支配する精神はどうなるか。

表中にある通り、第一に「不自由化」が進みます。誰が誰とどう付き合うか。このことについて、子どもたちの自由がすっかり奪われてしまうからです。相手が同じＦＴＡグループの仲間なのか。そうではないのか。同じＦＴＡグループの仲間ではありながら、他のグループにも属しているのか。そうではないのか。どこまで一緒に遊べて、どこから先はダメなのか。そんなことをいちいち考えながらでなければ、お付き合いが出来ない。こんなに不自由な話はありませんよね。

第二に、このような不自由化が進むということは、教室内に「差別化」の精神が根を下ろしてしまうことを意味します。相手がどのグループの所属員であるかによって、態度を変える。付き合い方を変える。それが差別化です。それに対して、差別なく、分け隔てなく、誰とでも同じようにお付き合いするのが、無差別主義です。自由に誰もが誰とでも同じように付き合っているのであれば、そこにはおのずと無差別主義が成り立っている。そういうことになります。しかしながら、全方位的なお付き合いの自由が失われれば、おのずと、無差別主義は差別主義に取って代わられてしまいます。

そして第三に、不自由で差別的な通商理念は、これまたおのずと、人々を「相互化」(相互主義)の方向に引き寄せます。相互主義というのも、我々の日常生活にはいたって馴染みの薄い言葉ですが、通商の世界においてはなかなか重要な概念です。

相互主義の原則を端的にいえば、それは、通商関係を取り結ぶ相手同士の間で、「お互いに相手より損をすることは決してしてない」状態を追求する考え方です。相手が関税を5%下げるなら、こちらも5%の関税引き下げは実施する。それ以上でも、それ以下でもない。対等な見返り無しには、決して譲歩しない。それが相互主義の理念です。この考え方自体には、もっともな面があります。国家間の外交交渉は、基本的に相互主義が原則だといえるでしょう。ただ、使い方によっては、この相互主義は実に大らかさに欠けて、実にケチケチしていて、実に暴力的な行動につながっていく面を持っています。

例えば、先進大国と最貧国がFTAを締結し、お互いに関税を引き下げていくことになったとしましょう。ここに相互主義の原則が適用されるとなれば、先進国が関税を10％引き下げれば、最貧国も関税を10％引き下げなければならない。そういうことになります。これは、最貧国にとって大打撃です。先進国の製品が従来より10％も安値で流入してきてしまう。しかも、関税収入も減ってしまう。これでは、いつまで経っても最貧状態を脱することが出来ません。さきほどの教室風景でいえば、例えばＴＰＰグループのリッチなガキ大将が、あまりお小遣いをもらえていない子に対して法外なグループ参加費を要求するようなものです。強い者が弱い者に相互主義を迫るのは、基本的に恫喝《どうかつ》です。

強い者同士でも、あまり相互主義一辺倒で対峙するとロクなことがありません。ガキ大将同士が突っ張り合えば直ちにケンカです。相互主義は「やられたらやり返せ」の論理でもあります。相手が一歩引けば、こちらもきっかり一歩だけは退く。この発想の裏を返せば、それは一発殴られれば一発は殴り返して問題無し、ということになります。それ自体としては一定の正当性がある論理です。ですが、相手の一発に対応してこちらが一発返すと、今度は相手も相互主義の論理に則って必ず一発殴り返してきますよね。すると、こちらもまたもう一発……。というわけで、相互主義的なケンカが始まってしまえば、もはや歯止めはありません。ひたすら報復の連鎖をもたらすばかりです。実は、第7講義で見ていく戦間期（1930年代）の通商風景画の時代こそ、相互主義の攻撃性が最も野放しになった時でした。この風景を作り出してしまったことへの反省に基づいて、戦後期の通商風景が描出されることになったのです。それなのに、今また再び、相互主義の時代への逆行が進もうとしている。それがＦＴＡ蔓延時代である今日の現実です。

弱い者いじめと強い者同士の報復合戦。相互主義には、そんな通商風景をもたらしてしまう怖さがあります。そんな世界を、我々ははるか過去に置いてきたはずでした。その世界からとことん脱却するために、戦後における通商風景の徹底的な描き直しが行われたのでした。その経緯をこれから見ていきます。新たに描き出された戦後の通商風景には、相互主義が入り込む余地はないはずでした。ところが、ＦＴＡの秩序なき蔓延現象が進行し、通商関係の不自由化と差別化が進むにつれて、封印されていた相互主義も、再び鎌首をもたげることとなってしまったのです。

かくして、通商関係の今日的風景はなかなか危機的なものになっています。貿易を自由化どころか不自由化の方向に引っ張っていく。そのような性格を持つ「自由貿易協定」。実は相手特定・地域限定型排他貿易協定の蔓延によって、国々の通商理念は、封印したはずの相互主義の方向に向かってズルズルと後退していく。困ったものです。怖いことです。なぜ、こんなことになってしまうのか。そのカラクリを理解するために、２枚目の通商風景に目を転じることにいたしましょう。そこに描き出されているのは、１９９０年代の通商的風景です。

WTO学園対FTA塾

通商の横糸

		(1) 通商秩序	(2) 通商理念
歴史の縦糸	①通商関係の今日的風景	FTAの秩序なき蔓延	不自由化・差別化・相互化
	②通商関係の1990年代的風景	WTOの誕生とその受難	
	③通商関係の戦後的風景		
	④通商関係の戦間期的風景		

1990年代の通商的風景は上の通りです。ここでも、やはり横糸その二の欄はひとまず空欄にしておいて、横糸その一に注目するところから話を始めたいと思います。

ご覧の通り、この時代はWTOの誕生と受難の時代でした。またまた、頭文字用語です。今度は何の略でしょう。「いくら何でも、それくらい知ってる！」とおっしゃっていただきたいところです。ですが、そうでなくても、それは決して皆さんの問題ではありません。いまや、むしろTPPの方がお馴染みの略称になってしまっているかもしれませんね。もしそうだとしても、これまた皆さんが悪いわけではありません。無理もないことです。それだけ、WTOというものの存在感が希薄になってしまっている。そこにこそ、今日的な通商世界の問題点があるといえます。ただ、こうしてWTOの存在感が希薄化している点については、必ずしもWTOそのものが悪いともいえません。皆さんは悪くない。WTOも悪くない。それなのにWTOの知名度は低い。それはなぜなのか。この点を謎解きすることにこそ、1990年代の通商風景の鑑定術のポイントがあります。

というわけで、何はともあれ、WTOとは何者かを謎解きするところから始めましょう。WTOとはWorld Trade Organizationすなわち世界貿易機関です。その名の通り、WTOは世界中の国々の間で取り行われる貿易に関する管理機構です。グローバルなスケールで通商秩序の番人役を果たす。それがWTOの仕事です。1995年に誕生しました。加盟国・地域は2016年現在164です。今日、地球上に国というものが何カ国あるかといえば、196カ国というのが概ね世の中的なコンセンサスのようです。国連加盟国は193カ国です。要するに、世界の国々のおよそ8割がWTOに加盟しているということです。その意味では、WTOはまさにグローバルなスケールで通商秩序の管理人役を果たしているといえるでしょう。

それなのに、どうもWTOは影が薄い。存在感をキープするのに四苦八苦している。その意味で、受難するWTOです。なぜ、そうなるのか。それは、国々がWTOの枠組みの中でお互いに付き合おうとせず、勝手にFTA型の仲間づくりや派閥形成を進めてしまっているからです。さきほど、誰もが誰とでも仲良く出来る麗しの教室風景に言及しましたよね。そして、その麗しい風景をズタズタに切り裂いていくものとしてのFTAの位置づけについて考えました。こうしてFTA網によって破壊されていく通商学園の風景こそが、まさしくWTOそのものです。世界の国々の圧倒的多数がWTO学園に入学し、いまなお、そこに在籍している。それなのに、ＷＴＯ学園の子どもらしく行動せず、全く別の論理で勝手に動いてばかりいる。教室内での勉強をそっちのけにして、塾通いの方にすっかり熱を上げている。だから、ＷＴＯ学園の影が薄くなる。

どうしてこうなるのでしょうか。ＷＴＯ学園の子どもの数が多過ぎて、きめ細かい指導が受けられないからでしょうか。あるいは教育方針が古臭くて、先端的で創造的な教育を望めないからでしょうか。今の世の中、実際にそのような理由で塾や予備校に引き寄せられていく子どもたちや親御さんたちは少なくないようです。ＷＴＯ学園の場合も、事情はそういうことなのでしょうか。

筆者は、そうではないと思います。もしも、そのような事情でＷＴＯ離れが進んでいるということであれば、国々が得手勝手にＦＴＡ締結に向かうという傾向は、ＷＴＯが誕生して一定の時間が経過した時点から強まり始めているはずです。つまり、ＷＴＯ学園が開校してしばらく経ったところで、どうもこの学校は時代遅れだとか、思っていたような質の高い教育が得られそうもないということが次第に判明してきた。そこで、愛想を尽かした子どもとその親たちが、もっと効率的で成果の上がる塾探しに乗り出すようになる。このような展開になるはずです。ところが、ＷＴＯの創設と世界的なＦＴＡブームの台頭との間には、このような関係は見受けられません。ＦＴＡづくりが世界的に目立ち始めたのは、実は１９９０年代の初頭からのことなのです。１９８０年代いっぱいまでの数字を見ると、世界に存在するＦＴＡの発効件数はわずか数件という水準で推移しています。それが、1990年〜1994年の間に17件に増えました。そして1995年〜1999年には39件に達しているのです（「ジェトロ世界貿易投資報告2016年版」より）。その後もFTAの発効件数は着実に増えています。しかしながら、1990年代に入るタイミングでの飛躍的な増加は、明らかに突出しています。

つまり、WTOが創設された時点で、世の中のFTAブームは既に火がついて5年余りが経過していたということです。この事実から見れば、どうもWTO学園に愛想が尽きたことで、FTA塾への乗り換えが進んだというわけではなさそうです。では、FTAブームの火付け役は何だったのでしょうか。筆者には、そこには二つの要因が働いていたと思われます。

第一に、1990年代に入る頃から経済のグローバル化が進み始めたということです。1989年にベルリンの壁が崩壊し、1990年に東西ドイツが統一された。そしてソビエト連邦が崩壊する。この展開によって、それまで東西両陣営に分断されていた地球経済が文字通り一つになった。だからこそ「グローバル時代」という言い方もこの頃から使われるようになったわけです。いまや、一つの地球的な土俵の上で、誰もが競い合わなければならない。そういう時代の到来でした。そうなれば、淘汰《とうた》の論理が情け容赦なく国々を襲う。その中で生き残るためには、立てこもる陣地が必要だ。少しでも、世の中がグローバル化していなかった頃に近くて、安心出来る空間を確保しよう。そのような思いに駆られた国々の焦りとパニックが、FTA締結ラッシュにつながった。そういうことではなかったかと考えるところです。

通商の横糸

		(1) 通商秩序	(2) 通商理念
歴史の縦糸	①通商関係の今日的風景	FTAの秩序なき蔓延	不自由化・差別化・相互化
	②通商関係の1990年代的風景	WTOの誕生とその受難	自由・無差別・互恵
	③通商関係の戦後的風景		
	④通商関係の戦間期的風景		

第二に、WTOの出現に対する警戒感もあったと考えられます。この警戒感の背景を理解するために、ここで、当初空欄にしていた通商の横糸その二、すなわち通商理念の欄を埋めてみましょう。ご覧の通りです。

WTOの通商理念は「自由・無差別・互恵」です。実をいえば、これは次項で検討する通商関係の戦後的風景の中で設定された通商理念です。ただ、次項で見る通り、WTOが設立されるまで、この「自由・無差別・互恵」の考え方は理念として高々と掲げられつつも、なかなか、国々に対して十分な効力を発揮出来ない状態にありました。それは、WTOの前身であるGATTという取り決めの限界でした。GATTとは何か、そしてその限界がどこにあったかについても、追って詳述させていただきます。ここでは、さしあたり、自由・無差別・互恵の理念が通商関係の戦後的風景から引き継がれたものだったということを覚えておいていただければと思います。そして、この理念を改めて通商秩序の軸心に位置づけし直すことが、WTOに課せられた大きな使命だったということも脳内にメモしておいていただければ幸いです。

通商の理想を拒否した世界

ＷＴＯが設立されれば、自由・無差別・互恵の理念が制度的な側面からも強化されることになりそうだ。この見通しが、国々の対ＷＴＯ警戒心を煽《あお》る方向に働いたのです。なぜでしょうか。ここで、通商関係の今日的風景を思い出してみてください。その通商理念の欄には何と書かれていたでしょう。そうです。そこには「不自由化・差別化・相互化」と書かれていましたね。これとＷＴＯの理念である自由・無差別・互恵を対比してみてください。自由の反対は不自由です。無差別の反対は差別です。そして、互恵の反対が相互です。互恵と相互の関係については これからご説明しますが、自由と不自由、そして無差別と差別の関係については、ご異論ないところかと思います。

つまり、ＦＴＡが蔓延する世界の論理とＷＴＯ的な世界の論理は、全く対照的な関係にあるということです。となれば、国々がグローバル化の流れから身を守ろうとしてＦＴＡシェルターに逃げ込もうとしている時にＷＴＯ誕生の展望が視野に入ってくれば、どうでしょう。彼らがＷＴＯに対して強い警戒心を抱くのは当然ですよね。そうであればこそ、ＷＴＯ誕生の時が近づくにつれてＦＴＡ締結の動きが強まり、ＷＴＯ誕生とともにその動きが一段と加速したという経緯にもうなずけるところです。

こうして見てくれれば、ＦＴＡが流行るのは国々がＷＴＯに嫌気がさしたからだとは、どうもいえそうにありませんね。ＷＴＯが時代遅れだからだともいえないでしょう。むしろ、ＷＴＯこそ、グローバル時代という新しい時代にふさわしい秩序と理念の確立につながる方向感を持っている。ところが、国々はその新しい流れに乗りたくない。地球的に、誰とでも仲良くするという開放的な共生関係を受け入れる勇気がない。だから、自由・無差別・互恵の理念に反旗を翻《ひるがえ》す。そのように整理することが出来ると思います。

さて、ここで互恵と相互の関係について考えておきましょう。相互の考え方については、既にさんざん検討したばかりですよね。相互主義とは、要するに自分が決して相手より損をしない関係を追求する交渉姿勢でした。それに対して、互恵主義は相手に決して損をさせない関係を追求する考え方です。互恵ですから、読んで字のごとし。お互いに恩恵を施し合うという発想です。お互いに断じて相手より損をしないというのとは、随分、肌合いの異なる発想です。しかも、ＷＴＯが標榜する互恵主義は、既述の通り、無差別というもう一つの理念とセットになっています。相手を選ばず差別せず、無差別的に誰との間でも互恵主義を貫く。相手を特定せず、地域を限定せず、無差別的に貿易の自由化を進めることで、誰との間でも互恵的な関係を実現する。これが、ＷＴＯの理念です。こうして見れば、ＦＴＡ的な考え方とＷＴＯの理念とは実に大きくかけ離れていますよね。

グローバル時代が幕開けしていく中で、改めて自由・無差別・互恵の通商世界が確立されていく。そのことに国々が怯《ひる》んだのは、心理として分からないことはありません。ヒト・モノ・カネが容易に国境を越え、淘汰の論理が汎地球的に情け容赦なく働く。そのような環境の中で、自由・無差別・互恵などとノーガードな姿勢を取ってしまえば、どうなるか分からない。何はともあれ、自分が損をしないで済むような会員制クラブを自ら設立する。それが難しければ、それなりに居心地が良さそうなクラブを見つけて早々に会員になる、そのような形で自分の居場所の安泰を図りたい。そう国々が考えることには、無理ならぬ面があります。ですが、その発想で誰もが動き始めてしまえば、クラブづくりの分捕り合戦がグローバル経済を滅多切りにしてしまう。

ＷＴＯの出現は、この恐怖の流れに歯止めをかけてくれるはずでした。ところが、加盟国たちの勇気のなさとＷＴＯの運営責任者たちの気合不足で、ＷＴＯ学園からＦＴＡ塾への脱出行動が後を絶たない展開になってしまったのです。

さて、それではそもそも、自由・無差別・互恵の理念はどのような経緯の中で誕生したのか。そして、ＷＴＯの前身であるＧＡＴＴ体制の下では、なぜ、この理念の十分な実践的定着が進まなかったのか。これらのことを解明するために、さらに歴史を逆走し、戦後期と戦間期の世界に踏み込んで参ります。通商史の逆走旅行もかなり長旅になってきましたので、ここから先は次の講義で取り上げることにいたしましょう。

第7講義

通商②

分断と排除の世界に引き戻されないために

はじめにITOがあった

本講義では、まずはじめに通商関係の戦後的風景を鑑定します。その姿は次の通りです。今回は、通商の2本の横糸の欄を一気に埋めておきました。

通商秩序の欄からいきましょう。ここで登場する頭文字用語がＩＴＯとＧＡＴＴです。ＧＡＴＴには前講義でもお目見え済みですが、フルネームを明かしていませんでした。それはGeneral Agreement on Tariffs and Tradeです。長いですね。こういう調子だから、どうしても頭文字で済ませたくなってしまうのでしょう。日本語でいえば、「関税及び貿易に関する一般協定」です。ＩＴＯはInternational Trade Organization。「国際貿易機関」です。ＷＴＯと1文字違いですね。この1文字の違いにどれだけの重みがあるか。それも含めて、この通商関係の戦後的風景の鑑定を進めていきましょう。

ここで、ほんの一瞬、第5講義の記憶をたどっていただきたいと思います。１９４４年、ア

通商の横糸

		(1) 通商秩序	(2) 通商理念
歴史の縦糸	①通商関係の今日的風景	FTAの秩序なき蔓延	不自由化・差別化・相互化
	②通商関係の1990年代的風景	WTOの誕生とその受難	自由・無差別・互恵
	③通商関係の戦後的風景	ITOの頓挫とGATT体制の出現	自由・無差別・互恵
	④通商関係の戦間期的風景		

メリカはニューハンプシャー州のブレトンウッズ地域で、国々が戦後の通貨秩序に関する合意を得たのでしたね。これを受けて、1947年にIMFが業務を開始したのでした。これと歩調を合わせて、通商の世界でも、新たな戦後秩序が出来上がるはずでした。その担い手として、通貨のIMFとちょうど対になるはずだったのが、ITOだったのです。

1945年11月、アメリカ国務省が「世界貿易および雇用の拡大に関する提案」を発表しました。この中にITO設立の構想が含まれていました。国々の間で幅広く関税の引き下げを実施し、貿易の自由化を進めるための構想でした。この提案を受けた国連加盟国間での協議の結果、1948年にはITO憲章の成立に漕ぎ着けました。ところが、いざ、各国でこのITO憲章を批准していくという段階になって、大きな狂いが生じました。大多数の国々でITO憲章の批准が拒絶されたのです。そもそもの提案者であるアメリカ議会においてさえ、批准への合意が得られなかったのです。かくして、ＩＴＯ構想は頓挫に終わってしまいました。

なぜ、ＩＴＯ構想はかくも悲惨な失敗に終わったのか。それは、当時の国々が「自由・無差別・互恵」についていくことが出来なかったからです。20世紀に入ってからの二つの大戦の中で、国々はひたすら自国の利益を守るために文字通り必死の攻防を繰り広げ続けて、１９４５年にいたったのです。そのような日々に明け暮れてきた彼らにとって、自国の商圏を大きく開放することにつながる「自由・無差別・互恵」への抵抗が大きかったことは、想像に難くありません。しかも、その「自由・無差別・互恵」をＩＴＯという超国家的な国際機関によって押し付けられる。そのような体制について、１９４５年以前に形成された世界観はなかなかついていけなかったのです。時代は新しい場面を迎えていました。そして、新時代を平和なものに仕立て上げるためには、何よりも、国々が戦前的な閉鎖的で攻撃的な姿勢を放棄することが必須条件でした。そのことを重々分かりながらも、いざとなると、国々の発想はまだ古い時代の思考体系に縛られてしまうのでした。

こうして、ＩＴＯ構想は結局のところ葬り去られることとなってしまいました。ところが、ここからがなかなか面白い展開になりました。実をいえば、当時のアメリカ政府は、自国議会がＩＴＯを潰しにかかることを予期していたのです。そこで、ＩＴＯというエースに対して、まさかの事態に備えて代役を用意していたのです。それがＧＡＴＴだったのです。

むろん、これは全くアメリカだけの発想ではなかったでしょう。平和と繁栄のための戦後体制づくりを目指して、様々な国から様々な人々が知恵を投入したはずです。ですが、当時の世界情勢の中で、何かにつけてイニシアチブを打ち出せる立場にあったのは、やっぱり、無傷の戦勝国アメリカだったわけです。通貨の世界において、この時点でドルが通貨の王様の位置づけを得たのと同じ関係が、ここでも働いたわけです。

そこでアメリカは、ＩＴＯ憲章の草案審議と並行して、国々の間で関税引き下げ交渉を具体的に進めていくことを提唱しました。これについては、国内外でいたってすんなりと同意が得られました。なぜなら、大戦でズタズタになった世界の貿易網を復活させるということは、誰にとっても差し迫った課題だったからです。それは、国々の経済復興にも直接的に関わるテーマだったわけです。その意味で、苦情が出る余地はなかったのです。かくして、１９４６年から１９４７年にかけて一連の関税交渉が進むことになりました。その結果として実現した関税率表と、この新関税率体系を実現するために必要な諸規定を盛り込んで、「関税及び貿易に関する一般協定」すなわちＧＡＴＴが出来上がったのです。その発効が１９４８年１月１日のことでした。

ＩＴＯがダメならＧＡＴＴがあるさ。その後の展開は、要するにそういうことでした。１９５０年12月時点で、アメリカのハリー・トルーマン大統領はもはや議会にＩＴＯの批准を求めないと宣言しました。その代わり、ＧＡＴＴへの積極参加の協力をお願いしたのです。議会側としても、さしあたりＩＴＯをぶっ潰すという念願はかなったわけですから、この要請には応じないわけにいきませんでした。イギリスでも同様の運びとなり、事態はＧＡＴＴ体制の確立へとにわかに動き始めたのです。

ＧＡＴＴが支えた戦後通商

こうして、ＩＴＯの挫折で潰れかけた戦後の通商体制は、ＧＡＴＴという代役を得ることで息を吹き返すことになりました。１９９５年にＷＴＯが設立されるまでは、一貫してＧＡＴＴが国際的な通商関係の仕切り役として機能してきたのです。

ただ、代役はやはりあくまでも代役です。出来ることにおのずと限界があります。そもそも、その名の通りＧＡＴＴはあくまでも協定です。機関でも基金でも連合でも共同体でもありません。したがって、それ自体として独自の組織を持つわけにはいきません。もちろん、協定に従って物事が運ぶよう、気配り・手配りをするだけの事務機能は必要です。しかしながら、権限や職制を伴って動く本格的な組織とはわけが違います。それにもかかわらず、本来であればＩＴＯが果たすはずだった役割をＧＡＴＴが託されることになりました。

実はあれども名がなき悲しさ。それが代役ＧＡＴＴの位置づけだった。エースの長き不在の中で、ＧＡＴＴはなかなか立派に代役を果たしたといえるでしょう。ですが、やはりしょせんは実務協定です。ですから、どうしても最終的なところで抑えが不十分に終わってしまう。それが、実はあれども名がなき者の弱みです。自由・無差別・互恵の理念を国々の間にしっかり根づかせていくための権限にも影響力にも、重量不足なものがありました。要は押しが十分には利かなかったわけですね。ＩＴＯ構想が頓挫《とんざ》した後の戦後の通商学園には、本格的な権利・権限を持つ校長先生がいなかった。校長に就任するはずの人がボイコットされてしまって、校長職が空席になってしまったわけです。そこでやむなく、事務長さんが校長代理を務めることになった。こんな状況だったと考えていただいていいでしょう。

ＧＡＴＴという名の事務長さんは、なかなか有能だったと思います。校長職の中身もよく理解し、立派に校長不在の学園を切り盛りしていたといえるでしょう。ただ、悲しいかな、やはり重みに欠ける。結局のところ、国々は面従腹背的に動くようになりました。表向きはＧＡＴＴ体制の枠内で取引している振りをしながら、勝手にケンカをしたり仲直りしたり、談合するようになっていったのです。その最たるケースが、戦後間もなく始まった日本と欧米諸国との間の激しい通商摩擦だったのです。今日のＥＵ（欧州連合）につながる欧州統合の動きもその一つです。その辺りの経緯については、やはり前掲の『誰も書かなかった世界経済の真実』などをご参照いただければ幸いです。

こうして、ＧＡＴＴ体制下では、国々は代役の存在の軽さを良いことに、当初はともかく、時の経過とともに次第にかなり勝手な行動を取るようになっていたのです。しかしながら、ＷＴＯ体制が確立するともなれば、面従腹背を決め込んでばかりはいられません。本格的な組織体制が整うわけですから、その理念である自由・無差別・互恵の枠外で勝手に動きたければ、やはり、造反組も然るべき組織体制を組まなければなりません。しかも、グローバル時代の到来で競争環境は劇的に厳しさを増している。国々の慌てふためく思いは募るばかりでした。

かくして、WTO体制への移行の時代を迎えるとともに、FTAという形で自由・無差別・互恵に対抗する相手特定・地域限定型の仲間づくりが進むことになったのです。

戦間期の風景が語るWTO学園の真価

さて、ここまで来たところで、ひょっとすると皆さんは一つの疑問を感じ始めておいでですか？　ここで、問いただしてみたくなっておいでの点がないでしょうか。実は筆者自身、こういう調子で書き進んでいると、どうも、この辺でこれを聞かれそうだなぁ、ここを突っ込まれそうだなぁ、という気がしてきているのです。そんな時、図星の質問が出ると、講義担当者としては、なかなか嬉しいものです。それだけ、講義を受講してくださっている皆さんと波長が合ってきているということですからね。

残念ながら、紙上講義ではこの辺の検証が出来ませんが、検証するまでもなく、我々の波長はピッタリなのだと確信するところです。というわけで、今、皆さんには筆者に投げかけたくてうずうずされている疑問がありますよね？　そうです。その疑問とは、「なぜ、自由・無差別・互恵でなければいけないの?」という点です。

ここまでの話の中では、ひたすら、自由・無差別・互恵に抵抗する国々の姿ばかりを語ってきましたよね。通商関係の戦後的風景においても、1990年代的風景においても、そして今日的風景の中においても、国々は自由・無差別・互恵に背を向けて勝手な行動を取ろうとしてきました。GATT体制の下では、面従腹背を決め込む。WTOが出来るとなれば、あからさまなルール違反につながる相手特定・地域限定型通商協定づくりを急ぐ。そして今日、自由・無差別・互恵の理念など存在しないかのように、公然と、TPPのように大掛かりなFTA構想に群がっていく。ここまで幅広く嫌がられるということは、ひょっとして、そもそも自由・無差別・互恵の3点セット自体に無理があるんじゃないの? 誰もがWTO学園から離反してFTA塾に走るというなら、実はWTO学園の方がやり方を変える必要があるのでは? やっぱり、成績や進学志望先別のクラス編成に切り替えたらいかが? なぜ、どうしても自由・無差別・互恵でなくちゃいけないの? どうですか? こんな疑問が湧いてきていませんか?

この疑問は、実にもっともな疑問です。いい質問です。この種のいい質問が出てくると、話がとても進めやすくなります。真相解明に向かう謎解きのプロセスは、こうしたいい質問が提示されることで、ぐっと照準が合ってきます。名探偵は、ここぞというところで的確な疑問を発する。よくぞ聞いてくださいました。

この疑問に答えるためにこそ、我々は、いよいよ通商絵画鑑定の最後のステップに踏み込む必要があります。ついに、通商関係に関する逆走マトリックスの最後の欄を埋める時が来ました。次の表をご覧ください。

ご覧の通り、時は戦間期です。第5講義で見た通貨関係の戦間期的風景とセットでお考えいただければいいと思います。通貨の世界では、1930年代は通貨戦争の時代でしたね。通商面においても、状況は同様だったのです。通商面でも、通貨の世界における為替切り下げ競争に対応する攻防が繰り広げられました。この攻防を、表中の横糸その一、通商秩序の欄で「経済ブロックの秩序なき蔓延」と表現しました。経済ブロックとは、ある特定の国々が特定の条件の下で協定を結び、その顔ぶれの中だけで経済関係を強化するというやり方です。ブロック圏外に対しては、為替管理や高率関税をもって、取引をまさに「ブロック」したのです。

まずは、イギリスがポンド・ブロック（スターリング・ブロックともいいます）をつくりました。それは、英連邦諸国を中心とする一大経済圏でした。内にあってはイギリス・ポンドという通貨を共有し、いわゆる特恵関税網を形成したのです。特恵関税とは、特定の相手だけに対して適用する特別大サービス的な低率関税です。ポンド・ブロック内の国々のみに対して、この特別待遇が適用されました。対照的に、ブロック外の国々に対しては飛び切り高い関税障壁が設定されたのです。それと同時に、過激な為替切り下げ攻勢で、販路を強引に押し広げていきました。通商は対外的高率関税、通貨は自国通貨安。この二つを武器にイギリスが1930年代の経済戦争への先陣を切ったのでした。

通商の横糸

歴史の縦糸		(1) 通商秩序	(2) 通商理念
	①通商関係の今日的風景	FTAの秩序なき蔓延	不自由化・差別化・相互化
	②通商関係の1990年代的風景	WTOの誕生とその受難	自由・無差別・互恵
	③通商関係の戦後的風景	ITOの頓挫とGATT体制の出現	自由・無差別・互恵
	④通商関係の戦間期的風景	経済ブロックの秩序なき蔓延	保護・差別・相互

ポンド・ブロックの向こうを張って陣取ったのが、金ブロックでした。その盟主はフランスです。ご記憶ですよね。フランスは１９３０年代において英米と三つ巴の為替戦争を演じたのでした。この金ブロックには、イタリア、ベルギー、オランダ、スイス、ポーランド、そしてこれら諸国の植民地が加わりました。ここで、実に対照的な二つの経済ブロックが出来上がったのです。いち早く金本位制を放棄して、アグレッシブな安売り輸出に徹することにしたイギリス。それに対して、フランスは最後まで金の輝きとのつながりを断ち切ろうとしませんでした。自国通貨の金価値を維持するために、引き締め政策で自国経済を痛めつけることをいといませんでした。金本位体制を維持したため、金ブロック諸国はイギリスの安値攻勢に対して自国通貨の切り下げをもって応戦することが出来ない。そこで、彼らは一段と厳しい高率関税政策と輸入数量制限をもってポンド・ブロックに対抗したのです。すると、イギリスはますます過激な為替切り下げ政策で逆襲に出ました。

通貨と通商による二刀流の攻防は実に血みどろの様相を呈することになりました。

そうこうするうちに、ドイツではナチスが台頭して独自の経済ブロック形成に乗り出す。そしてアジアでは、日本が円ブロックの形成から大東亜共栄圏づくりへと野望を深める。時代の不穏な空気は濃厚さを増す一方でした。通貨の世界は、安売り比べの消耗戦に突入する。通商の世界では、輸入に対する不可侵・鉄壁の防護壁づくりが国々をてんてこ舞いさせる。モノの世界においてもカネの世界においても、国々の関係は悪化するばかり、市場は分断されていくばかりでした。この攻防が、徐々に、そして次第に抗い難く、国々を武力衝突に向かって手繰り寄せていったのです。

ここで、改めて戦間期的風景の通商理念の欄をご覧ください。そこには、「保護・差別・相互」と記入されていますね。そもそも、このような一連の考え方を「理念」と呼ぶのも、考えてみればおかしな話ですね。むしろ、「理念を忘れた保護・差別・相互」といった方がいいでしょう。保護は保護主義の保護です。特恵関税によって特定の相手を優遇し、その他大勢を排除する。数量規制によって輸入品の流入を物理的に阻止する。このようなやり方が典型的な保護貿易です。差別と相互については、既にご説明申し上げた通りです。国々が保護と差別と相互に徹底して、経済ブロックづくりの大競争に突入していった。そして、その行き着く先が第二次世界大戦だった。

この経緯に対する深い反省から、戦後において自由・無差別・互恵の理念が掲げられること

図3　閉鎖的な経済ブロックの蔓延が戦争を招いた

ポンド・ブロック
（スターリング・ブロック）
オーストラリアなど英連邦内の自治領や植民地などの関税を下げ、他の国々には高関税を課した。

イギリス

金ブロック
（フラン・ブロック）
イタリア、ベルギー、オランダ、スイス、ポーランドとその植民地などを優遇。

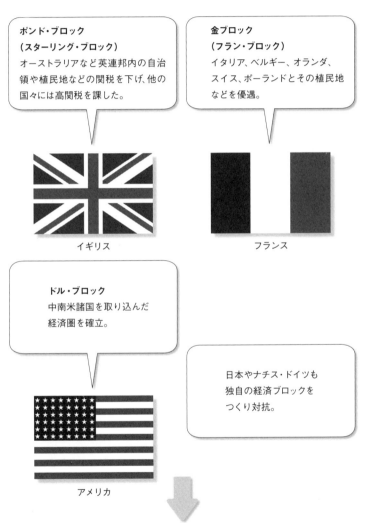

フランス

ドル・ブロック
中南米諸国を取り込んだ経済圏を確立。

アメリカ

日本やナチス・ドイツも独自の経済ブロックをつくり対抗。

保護貿易の激化はやがて第二次世界大戦へ……

になったのです。二度と再び、経済的な分捕り合戦が世界大戦につながることを許さない。その思いが、保護貿易を排して自由貿易を貫徹し、差別的通商関係づくりを否定して無差別主義に徹し、相互主義に背を向けて、あくまでも互恵を追求するという理念への発想転換をもたらした。その理念に具体的な形を与えようとして、ＩＴＯ構想が提示されたのでした。

「今」から「戦間期」への逆行を回避するには

ところが、世界はまだこの画期的な発想転換を受け入れる心理的準備が出来ていなかった。しかも、戦後世界の通商・経済過程においては、アメリカが圧倒的な吸収力をもって他の国々の輸出品の受け皿になってくれた。そして、他の国々はアメリカからの輸入に依存すること無しには、自国の戦後復興を進められなかったのです。そのような状況の下では、自由・無差別・互恵というよりは、アメリカを軸とする通商網に誰もが引き込まれる格好になっていました。したがって、実をいえば、国々が実感をもって幅広く、自由・無差別・互恵を実践する機会は、戦後期の当初においてあまりなかったというのが実態でした。この理念の重みを国々が身をもって実感するようになるのは、日欧経済の復興と対米キャッチアップが進む中でのことだったのです。

自由・無差別・互恵の理念を貫くことは、確かに大変です。ですが、保護・差別・相互の考え方に陥ってしまうことが、どれほどの歴史的大惨事を生み出したかを思えば、その方向に接近する余地は微塵《みじん》もなく、徹底的に保護・差別・相互と対極にある理念を貫くという決意は実にまっとうな良識であり、見識だといって間違いないでしょう。実践的にいかに難しいことであっても、断固として自由・無差別・互恵に徹する。さもなくば、人類は再び、たどってはいけない道に踏み込むことになる。そのことを忘れそうになっている今、国々は通商関係の戦間期的風景を今一度、しっかり見直す必要があるのだと思います。

過去の風景を忘れた国々が、自由・無差別・互恵の理念から離反して、FTAの秩序なき蔓延に身を任せるようになっている。この現実は、実に危ういものだと筆者は思います。グローバル時代はドングリの背比べ時代です。通貨の太陽系から太陽通貨は消えている。通商の世界においても、輸入面でも輸出面でも、突出した役割を果たし得る親分国は存在しない。そういう今日であればこそ、誰もが秩序と理念を守るための主役意識を持つ必要がある。すべての国々が、自由・無差別・互恵の主体的・積極的担い手として自覚を持たなければ、人類はグローバル時代を首尾よくともに生き抜くことが出来ないでしょう。

通商関係の今日的風景をもう一度見ていただければ、その通商理念の欄には「不自由化・差別化・相互化」と書かれています。これと、通商関係の戦間期的風景の通商秩序の欄と改めて比べてご覧になってください。第一の違いは、戦間期の「保護」に対応する部分が、今日については「不自由化」になっていることです。

今のところ、ＴＰＰをはじめとする各種のＦＴＡはその周囲に禁止的な高率関税網を張り巡らすということはしていません。対外的な厳しい輸入数量規制体制を取るという動きもまだありません。しかしながら、ＥＵは、その域外に対して共通関税体制を敷いています。いざとなれば、新しく出現してきたＦＴＡ群の中に保護主義的な姿勢が広がらないという保障はどこにもありません。無差別・互恵の道を踏み外してしまえば、「不自由化」が「保護」に転じる危険性は、確実に現実的な脅威の様相を帯びてきます。

戦間期と今日の第二の違いは、今日はまだ、「不自由化・差別化・相互化」という風に、すべての言葉に「化」がついているということです。現実は不自由で差別的で相互的な方向に向かって動き始めてしまっている。だが、まだ、そこに全面的にたどり着いてしまっているわけではない。そこに一抹の救いがあるわけです。辛うじて。

「不自由」が「保護」に入れ替わり、三つの「化」が消えてなくなった時が怖い。今日の通商理念の欄に、戦間期のそれと寸分たがわず、「保護・差別・相互」と記入しなければならない。そのような事態にいたらないことを、ひたすら祈るばかりです。

特別補講　イギリスのＥＵ離脱をどう読むか

この講義がついに最終局面を迎えつつある場面で、大きな新展開がありました。イギリスの

ＥＵ離脱問題です。２０１６年6月23日、イギリスの国民投票でＥＵからの離脱が過半数の有権者の支持を得たのです。このイギリス国民の決断を巡って、世界が大きく揺れたのは、ご記憶に新しいところです。為替市場や株式市場が各国で大波乱を演じましたね。「まさかの離脱」が引き起こした大騒ぎでした。

ここで一言、申し上げたいと思います。この「まさか」という言葉については、大いに要注意です。これから皆さんが経済的謎解きに挑んでいかれる中で、「まさか、そんなことあるはずない」という思いが頭の中に浮かばれた時は、ひとまず、「まさかは必ず起こる」と唱えて頂きたいと思います。「まさか」の暗示にかかってはいけません。人類の歴史は、「まさか」の実現によって形づくられてきたといっても過言ではありませんから。その観点からいえば、目下のグローバルな経済社会にとって最も怖い「まさか」が、ドナルド・トランプ氏がアメリカ大統領に就任してしまうことですね。本書の刊行直後に結果が出るわけですが、この「まさか」だけは、決して起こることのない「まさか」であるよう祈るところです。

それはともかく、筆者にとって、イギリスのＥＵ離脱という結果は、全く「まさか」ではありませんでした。「やっぱりね」が正直な感慨でした。やっぱり感の理由は二つです。第一に、海洋国イギリスの特性と大陸欧州勢主導の欧州統合構想には、当初から相性が悪いものがありました。第二に、ＥＵという存在自体が、グローバル化が進む今日の時代特性と相性が悪い。この二つの相性の悪さがあいまって、今回の結果を生んだのだと思います。ただし、第三点として、もう一つの要注意ポイントがあります。それは、今回の国民投票で脱ＥＵ票を投じたイギリス人たちの中には、かなり気になる感性の持ち主たちもいたと思われることです。この点については、筆者が抱いている「やっぱりね」感とは別の次元で注意を要すると思います。これらの諸点について、順次、整理しておきましょう。

まず、第一の相性の悪さ問題です。大陸欧州の世界は、政治主導で計画的にものを運びたがる世界です。数々の陸続きの国々が国境を接してひしめき合っている。そうした大陸欧州においては、すべてを政治的合意の中で明文化していかないと、もめごとが絶えない。明示的な言葉が足りないばかりに、戦争になってしまうことになりかねない。だから、政治主導で周到に計画を立て、その計画を言語化する中で調和を図る。それが大陸欧州的作法です。

イギリスと大陸欧州とでは、第二次大戦の戦争体験も違います。イギリスはナチス・ドイツ軍に上陸されたわけでもない。占領されたわけでもない。大陸欧州勢は、政治的合意の枠組みを確かなものとすることで、恒久平和を確立したい。その思いを欧州統合構想に託しました。イギリスには、そこまでの切迫感がなかった。狭いながら、ドーバー海峡が存在することが、欧州統合に向けての政治的合意への思い入れの違いにつながっています。

こうした〝心情風景〟の相違を背景に、政治的計画主義の大陸欧州に対して、イギリスは経済的成り行き主義が基本的な行動原理になっています。儲かりそうなら話に乗る。面倒な計画的枠組みなど、七つの海に打って出て金銀財宝をゲットしようという海賊魂にはそぐわない。

来る者は拒まず、去る者は追わず。そうした海洋国の開放性がなければ、小さな島国のイギリスが大英帝国を築き上げることなど、出来るわけがなかった。そんな心情がイギリス的DNAの基幹部分を形成している。誰もが、どこかでそう思っている。そんなイギリス魂には、政治的大言壮語と周到精緻な計画に基づく欧州統合の工程表が、どうしても、しっくりこないのです。

相性の悪さその二に進みましょう。欧州統合の構想が浮上したのは、第二次大戦後間もない時期のことでした。東西冷戦体制の出現が、その気配を現し始めようとしていた頃です。ナチス・ドイツのおぞましき脅威が、生々しい傷口として疼《うず》いていた時です。そして、若きアメリカがどこまで力強く王者化してしまうのか。その脅威に欧州が震えを体感し始めていた時です。ところが、いまや、冷戦時代は歴史のはざまの向こう側の世界です。これまでの逆走の旅の中でも、あの時代の遠さを実感する場面がありましたよね。いまや、地球は東西に二分割されてはいません。地球規模で、ヒト・モノ・カネが国境を越える時代です。その中で、30カ国に満たない欧州諸国だけで小宇宙をちんまりと構成しようとするのは、思えば、かなりの時代錯誤です。その閉鎖性には、第6講義で焦点を当てたTPPにも通じるものがあるでしょう。その窮屈さが、生来、窮屈嫌いのイギリスの居心地の悪さを一段と刺激した面があると思います。この辺は、イギリス立ち去り後のEUにとっても、大いに反省材料になって然るべきところです。

第三の問題点は、今回の離脱支持層の中に、とてもイギリスらしからぬ右翼民族主義的な排外主義者たちも紛れ込んでいたという点です。彼らは、それこそアメリカならドナルド・トランプ支持に回る人々だといえるでしょう。今後、こうした排外的反ＥＵ主義者たちの声が高まり、それに媚《こ》びる政治が前面に出るようだと、開放的海洋国としてのイギリスのあり方が大きく変調することになってしまいます。これまた、決して実現して欲しくない「まさか」ですが、要警戒であることは間違いないと思います。

今回のイギリスの決断を機に、ＥＵも、その時代錯誤的な完成度を高める方向に「深化」していくことへのこだわりを捨てることが出来ればいい。そう思います。そうではなくて、グローバル時代にふさわしい開放性ある緩やかな協調体制に向けて「進化」の道に針路を切り替えて欲しいところです。「深化」から「進化」への切り替えなるか。それが、これからの欧州に問われるところです。

第8講義

租税①

政府は市場の「外付け装置」

経済的風景の中の政府の位置づけ

さて、我々の経済的風景画鑑定も、かなり佳境に入ってきました。少し整理しておきましょう。まず第1講義では、本集中講義で何をどう謎解きしていくのかということについて、ご一緒に考えました。第2講義では、経済学というものの歴史に着眼しましたね。そして、第3講義で、景気という名の経済風景を構成する諸要素を吟味しました。ここで、皆さんが経済風景の絵解き師として本格デビューを果たしたのでした。その後、第4・第5講義では世界の通貨的風景を歴史逆走スタイルで検討しました。第6・第7講義では、同じ方式で世界の通商的風景を絵解きしたのでした。

そこで、ここからどう進むか。第1講義の内容をご記憶の皆さんは、そういえば、この集中講義では「外から内へ、大から小へ」のアプローチを採るのだったなと思い当たっていただけるでしょう。どうですか？　かすかな記憶を呼び起こしていただけるでしょうか？　このお約束に従って進むためには、そろそろ、この辺で「内と小」の世界に踏み込んでいくべきところです。

というわけで、ここからは国々の中、すなわち国境の内側における経済的風景をズームアップすることにしたいと思います。第3講義で取り上げた景気という名の風景画も、「内」の話だといえば「内」の話でしたが、あの時は、もっぱらモデルケース的な形で、「景気というもの」の基本要素をピックアップするにとどまっていました。いわば絵解きの抽象的練習編でした。ここからは、もう少し具体的な次元で国境の内側の経済的風景を見ていきましょう。国境の内側に目を向けるとなれば、焦点は、やはり日本に置くことにしたいと思います。何といっても我らの住処《すみか》ですし、日本経済はグローバル経済きっての成熟経済であり、裕福経済でもあります。このような経済が抱える問題に注目することは、グローバル経済そのものの真相解明にもつながっていくでしょう。というわけで、ここからは主として日本を中心に絵解きを進めていきます。

ところで、一国の経済的風景を「小」なる世界だというのは、ちょっと変じゃない？　ここで、そう思われる方もおいでになるかもしれません。誠にごもっともです。ただ、経済のグローバル化がこれほどまでに進んでしまい、ヒト・モノ・カネがかくも容易に国境を越えて飛び回るようになってしまうと、国境の内側の世界は、実は結構小なる世界という位置づけになってしまう。それが今日的現実であることも、我々は認識しておく必要があると思うのです。

あるいは、国境なき地球時代においては、国境の内側という形で区切られる世界は、むしろ、中途半端に小さい。ひょっとすると、そう考えた方がいいのかもしれません。地球時代を生き抜いていくには、いっそのこと、もっとぐっと思い切って微小な存在の方が、小回りが利いていいのかもしれません。

さて、国境内の経済風景を吟味するに当たっては、新たな要素を絵の中に取り込む必要があります。それは、「政府」という要素です。政府は、政策を担う主体です。

ここまでの通貨と通商の風景画に関しても、実をいえば政策要因がその中に働いていました。例えば、自国通貨を金本位制から離脱させるというのは、政策判断です。ＷＴＯに背を向けてＦＴＡ化の流れに乗るというのも、政策的選択です。その意味で、これまでの経済的風景画鑑定においても、我々はおのずと政策主体としての政府の影を意識しながら絵解きを行っていたわけではあります。ただし、それはあくまでも、政策判断の結果の中に政府の姿がチラチラ見え隠れしていたということです。政府という存在それ自体に着眼していたわけではありません。例えば、台所風景を描いた絵の中に、四等分されたアップルパイが登場する。切ってある以上、誰かが切ったに違いないわけですよね。これまでの経済的風景画において、政府はこのアップルパイの姿なき切り分け人の位置づけにありました。この切り分け人を、ここからは絵画の中に実際に登場させようというわけです。なぜ、アップルパイを六つではなくて四つに切り分けたのか。その切り分け方で良かったのか。同じ四つでも、もっと正確に均等割りにする必要はなかったのか。そのようなところに、それこそ「切り込んで」いこうというわけです。

政府という名の外付け装置

経済的風景の中に、政府という要素を明示的に取り込むに当たっては、そもそも、政府とは何者か、ということを整理しておく必要がありますね。前述の通り、政府とはすなわち政策主体です。政策の担い手としての政府は、経済的風景画の中においてどのような位置づけにあるのでしょうか。

端的にいって、それは「外付け装置」としての位置づけです。人々による経済活動の場を「市場」と総称すれば（市場とは何かという厄介な問題もありますが、ここではそこはさておくとしましょう）、政府は決して市場の中に内蔵されているわけではありません。あくまでも外にある。しかしながら、この外付け装置は、様々な接続ケーブルによって市場と常に結びつけられています。カネの出入りという観点から整理してしまえば、接続ケーブルは大別して2本です。いわば「吸引ケーブル」と「注入ケーブル」です。

政府は、吸引ケーブルを通じてカネを市場から吸い上げます。政府側から見れば、これが財政収入となります。一方で、政府は注入ケーブルを通じて市場にカネを注ぎ込みます。政府にとっては、このカネは財政支出です。日本では財政収入を歳入といい、財政支出を歳出と表現することもあります。

さて、ここからいよいよ本格的に日本の財政に注目して参りましょう。まずは、日本政府の吸引ケーブルと注入ケーブルをさらにぐっと接近して観察してみます。すると、吸引ケーブルも注入ケーブルも実は1本ではないことが分かります。

吸引ケーブルは、よく見れば3本に分かれています。その1本目には、「租税」というラベルがついています。2本目の方のラベルには、「公債金」と書いてあります。3本目は「その他収入」で、これは極細のケーブルです。

注入ケーブルの方は、実はたくさんのケーブルの集合体です。ざっくり数えて7本あります。それぞれにつけられているラベルの名称は次の通り。

・社会保障関係費
・地方交付税交付金
・公共事業
・文教・科学振興
・防衛
・その他
・国債費

図4　政府は市場の「外付け装置」

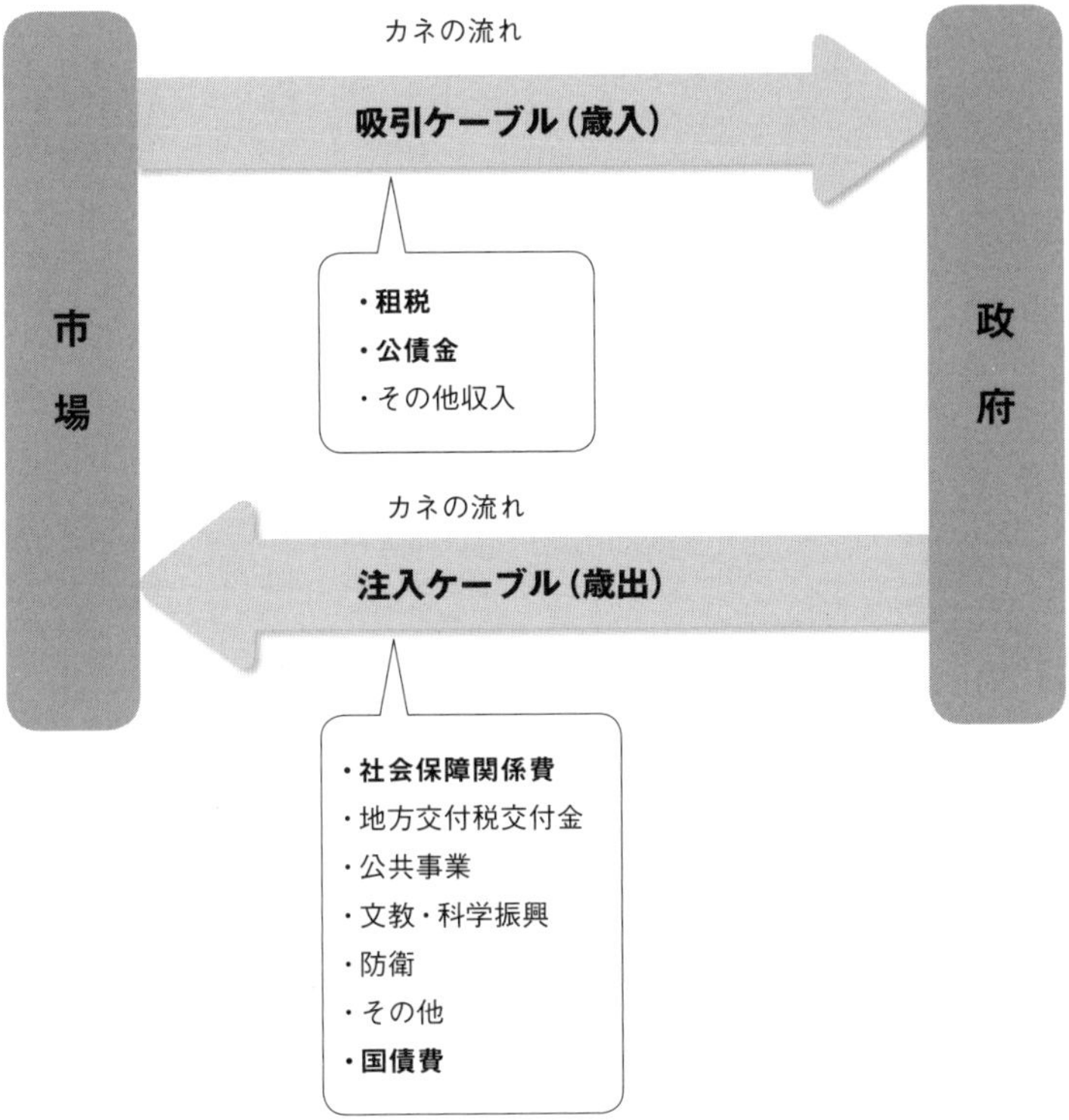

この中で、圧倒的な太さを誇っているケーブルが2本あります。社会保障関係費と国債費です。前述の通り、政府という名の外付け装置は、吸引ケーブルを通じて市場からカネを吸い上げます。そして、その吸い上げたカネを様々な注入ケーブルを通じてまた市場に注ぎ返していくわけです。社会保障のケーブルを通じて年金を給付したり、生活保護費を支給する。公共事業のケーブルを通じて、道路を敷設したり橋を架けたりするためのカネを市場に注入していく。国債費のケーブルを通じて借金を返済する……等々。そういうわけです。

ここで一つ、重要なことを申し上げておきたいと思います。以上の説明の中で既にお分かりかとも思いますが、要するに、政府は吸引ケーブルでカネを吸い上げ、そのカネの形を変えて、市場に還元していくわけです。租税や公債金という形で徴収したカネを社会保障や公共事業というサービスに変換して、市場に送り戻すということです。この変換機能を果たしているのが、各種の注入ケーブルだというわけです。ということは、要するに吸引ケーブルによって市場から吸い上げられるカネの規模と、注入ケーブルによって市場に注ぎ戻されるカネの規模は、常に一致するということです。実際に、日本の年々の財政統計を見ても、歳入の合計と歳出の合計は必ず等しくなっています。年々の予算もそのように組まれています。

このように、日本の財政収入と財政支出は常に一致しているのです。してみると、日本の財政は赤字でも黒字でもなく、常に収支がバランスしているということなのでしょうか。要は、均衡財政状態が一貫して保たれてきたということなのでしょうか。そんなことはありませんよね。そうなのであれば、財政再建などというテーマを巡って、世の中が今のような大騒ぎになるはずはありません。そうです。よくご承知の通り、日本国政府は世にも稀《まれ》な規模の財政赤字を抱え込んでいるのです。借金の残高も、GDPの2倍を上回る規模に達しています。この点と、財政の吸引ケーブルと注入ケーブルを通じて流れる資金の規模が常に一致するということとの関係は、どうなっているのでしょうか。

我々は、ここを混同してはいけません。一国の財政が赤字か黒字かを問題にする時、注目すべきは3本の吸引ケーブルのうち、「租税」ケーブルから政府に流れ込む資金の規模と、諸々の注入ケーブルを通じて政府が市場に送り込む資金の規模です。今の日本の問題は、租税ケーブルを通じて政府が吸引するカネの分量が、注入ケーブルを通じて政府が市場に注入するカネの分量にまるで追いついていないという点です。この追いついていない分を、公債金ケーブルからの資金吸収で補っている。それが現状です。後述する通り、これは、一国の財政が本来呈するべき姿ではありません。吸引ケーブルは、本来、租税ケーブル1本しかないのが大原則です。政府は、租税ケーブルを通じて吸引出来る資金の範囲内で、人々のために諸々のサービスを提供する。そのサービス提供に伴って発生する財政支出が、注入ケーブルを通じて市場に還元される。これが、外付け装置としての政府の財政が健全に機能している時の姿です。

ところが、今の日本においては、「租税」ケーブルの存在感がすっかり希薄になってしまい、「公債金」ケーブルの吸引力に大きく依存する格好になってしまっているのです。なぜ、そのようなことになってしまったのか。いつ頃からそんなことになっているのか。これらの点については、第10講義で注入ケーブル側の状況と合わせて検討していきます。そこでは、吸引側の「公債金」ケーブル問題にも注目することになります。そこに進む前に、本第8講義と続く第9講義では、もっぱら「租税」ケーブルに焦点を当てて、日本の状況がどうなっているのか、そこにどのような歴史的背景があるのかを考えていきたいと思います。

租税ケーブルの構造を見る

というわけで、ここからはもっぱら吸引側の租税ケーブルに注目していきます。図をご覧ください。

この円グラフが吸引ケーブルの全体図です。２０１６年度予算では、すべての吸引ケーブルを通じて政府が吸い上げるカネが「一般会計歳入総額」の96兆７２１８億円になると想定されているわけです（「一般」という言葉の意味は後ほどご説明します）。この全体像の中で、本講義で検討するのは、「租税及び印紙収入」と表記されている部分です。ここがすなわち、租税ケーブル部分です。ご覧の通り、租税ケーブルは、実は４本の内訳ケーブル、すなわち「所得税」「法人税」「消費税」「その他」の集合体です。

ここで、一般会計歳入全体に占める個別ケーブルの比率を見てみると、ご覧の通り、所得税

図5　政府の吸引ケーブル（2016年度一般会計歳入）の内訳　（単位：億円）

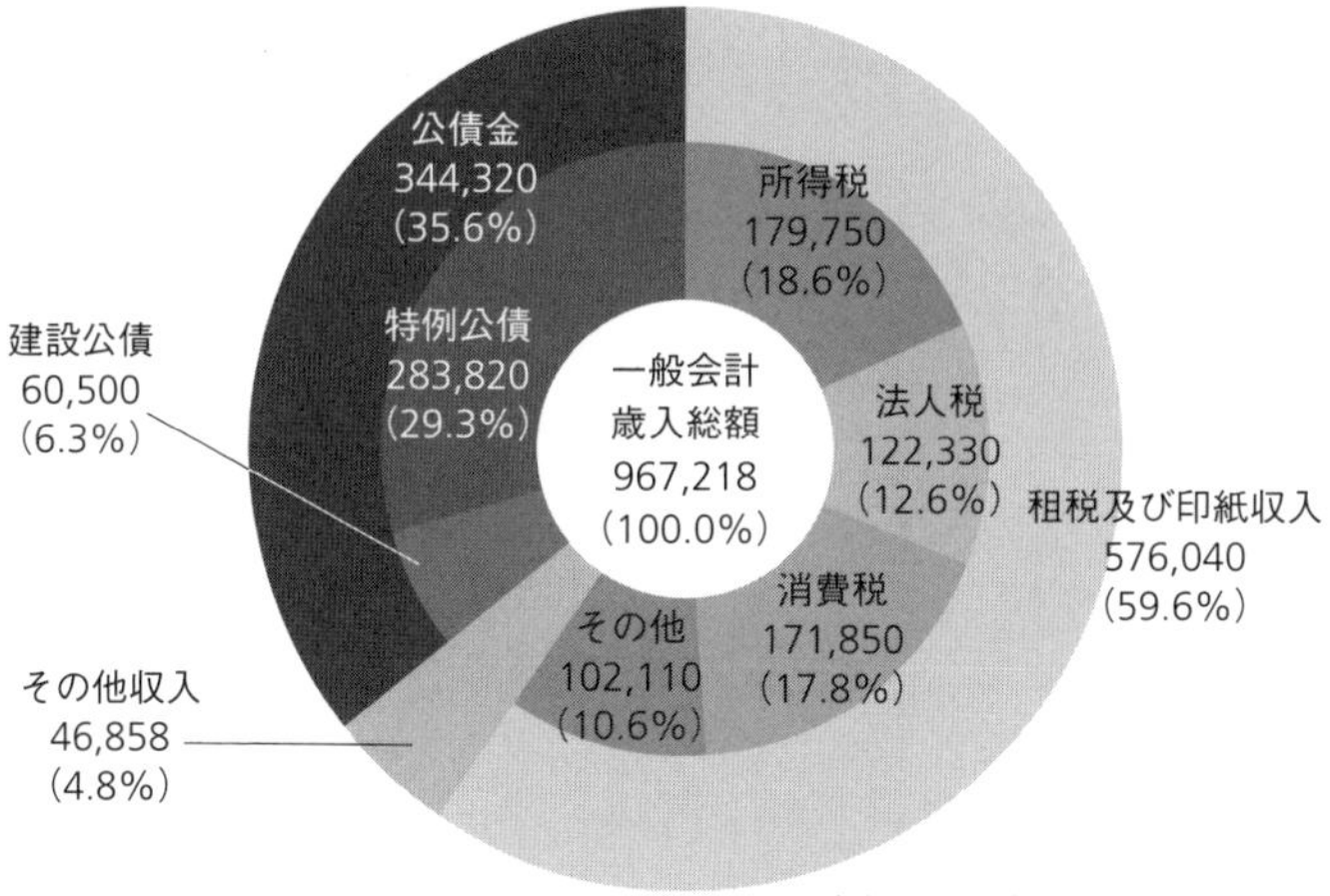

資料：財務省ホームページより作成

が18・6％、法人税12・6％、消費税17・8％、その他10・6％となっています。この税収構造の特徴を整理すれば、次のようにいえるでしょう。

・所得税と消費税の割合がほぼ等しく、両者で歳入総額の約36％、そして租税収入の6割強を占めている。

・法人税収の割合は歳入総額比で12％強、租税収入比では約2割に止まっている。

このような租税ケーブルの全体構造を見て、皆さんはどのようにお感じになりますか。

我々日本の市民は、なかなかどうして、政府の税収に随分立派に貢献していますよね。何しろ、我々の所得にかかる税金と消費にかかる税金で、税収全体の6割を賄っているのです。つまり、我々のお仕事の頑張りとお買い物活動があればこそ、租税ケーブルを通じてそれなりの規模の資金が政府部門に向かって流れていくわけです。このような税収基盤としての個人の位置づけは、改めて確認しておいて然るべきでしょう。

その一方で、法人税の税収に占める割合は2割に過ぎません。法人税ケーブルの存在感は、雑多な税収を寄せ集めた「その他」ケーブルとさほど大きく違わない水準に止まっているのです。この点も、改めて確認しておきたいところです。何かにつけて、企業の税負担の大きさが話題になりますよね。そして、企業減税の必要性が叫ばれる。そんな世の中ですが、こうして実態を見れば、税収基盤としての負担は企業より個人の方がはるかに大きいわけです。企業減税を求める声に、果たして正当性があるのか。この点については、後ほど考えたいと思いますが、それはそれとして、実際の税収構造を見れば、企業の貢献度は個人の3分の1に止まっている。この事実は踏まえておいていいでしょう。

消費税の位置づけの大きさも、見逃せませんね。ご覧の通り、いまや、租税収入全体の中で消費税が所得税と並んで最大級の税源になっているのです。日本の消費税については、もっぱら増税が話題になりますよね。まだまだ、税率の引き上げ余地が大きいといわれる。もっと、消費税から大きな税収を上げなければいけないというわけです。ところが、こうして数字を見てみれば、消費税は既に日本の税収における最大級の稼ぎ頭になっている。かたや、法人税はさほど収税力が大きいわけではないのに、減税が必要だといわれる。何やら、変な感じがしますよね。どうして、こういうことになるのか。消費増税は本当に必要なのか。法人減税には、どこまで妥当性があるのか。数字を見ながら、議論を整理していきたいと思います。

消費税とはどんな税？

まずは、何といっても今日的な話題性が大きい消費税に注目するところから始めましょう。ここで、少し基本的なところを確認しておきましょう。消費税はいわゆる間接税です。所得税は直接税です。所得税は、人々の所得にダイレクトに課税される。だから直接税と呼びます。これに対して、消費税は、人々の所得に直接的に課税するのではなく、我々の消費行為に課税する。そのことを通じて、間接的に我々の所得の一部を租税ケーブルの中に引き込む。だから間接税と呼ぶわけです。直接税である所得税は、我々のお財布の中にカネが入ってくる段階で政府が巻き上げていく。消費税は、我々のお財布の中からカネが出ていく段階で巻き上げられる。そんな風にイメージしてもいいでしょう。

戦後日本の租税体系は、直接税である所得税を主軸とする形で設計されました。この直接税中心主義から、間接税にも軸を置く方向に進まなければいけない。さかんに、こんな風にいわれて今日にいたっています。いわゆる「直間比率の是正」が租税制度改革の主要課題だ。そのようにいわれ続けてきました。ところが、どうですか？　今確認した通り、間接税である日本の消費税は、直接税である所得税に肩を並べるほどの税収源になっている。これでもなお、直間比率の是正が必要なのでしょうか。そうだとすれば、それはなぜか？　さらに消費税のウェイトを高めることで、新たに発生する問題はないのか？　あるとすれば、それにはどう対処すべきなのか？　こうした諸点を第一ステップの軸にしつつ、消費税問題の謎解きを進めていきましょう。なお、今日にいたる日本の租税体系の歴史的展開については、これまた、後ほど改めて取り上げたいと思います。

というわけで、次の図をご覧ください。

これは主要先進国6カ国の税収構成を比較したものです。前掲の円グラフは、日本の国税に関する2016年度予算ベースの数字でしたが、ここでは、各国の国税と地方税を合算した形で2013年度の実績を比較しています。ご覧の通り、日本の場合、租税収入全体に占める消費課税の割合が29・7％、個人所得税が32・5％で、地方税を含む数字だということを考慮に入れれば、前掲の円グラフと概ね整合する姿になっているといえるでしょう。

さて、それではこの29・7％という日本の消費税収入比率を、他の主要国と比べるとどうでしょうか。ご覧の通り、アメリカの消費課税による収税比率は22・9％、イギリス41・2％、ドイツ45・8％、スウェーデン37・6％、フランス38・6％となっています。いかがですか？　端的にいって、日本の数値がさほど極端に低いとはいえませんよね。確かに、欧州各国とは10ポイント前後の開きがあります。一方、アメリカとの比較でいえば、日本の方がはるかに消費

図6　税収構成比の国際比較

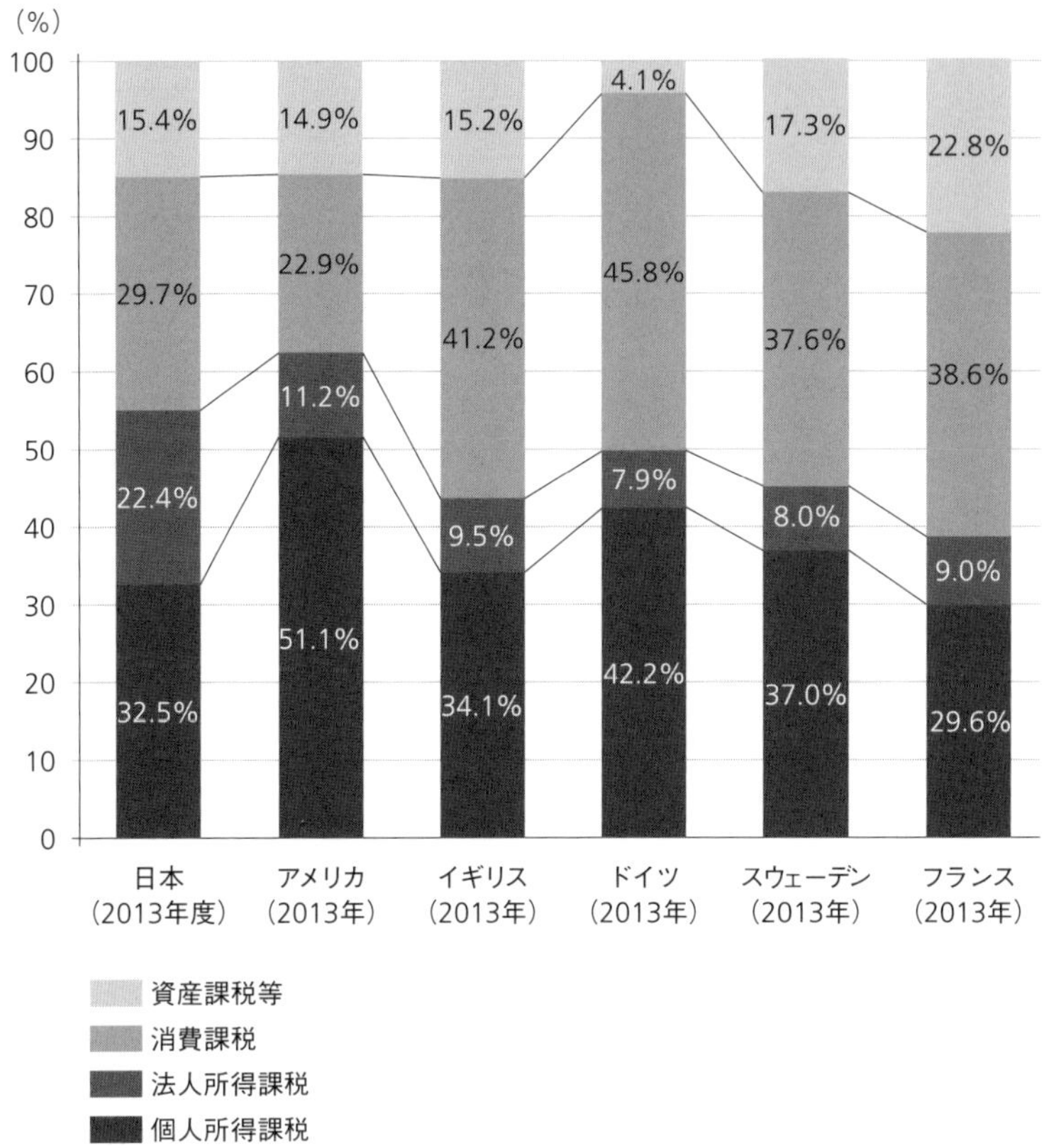

(注) 日本は2013年度実績。諸外国はOECD調査より。所得課税には資産性所得に対する課税を含む。四捨五入の関係上、各項目の計数の和が合計値と一致しないことがある。
資料: 財務省ホームページより作成

税収への依存度が高いのが実情なのです。つまり、国際比較という観点から見ても、日本の税収構造は、いまや、桁違いに直接税依存型だとはいえなくなっているわけです。

こうした実態があるのに、なぜ、今の日本で消費増税が政策論義の焦点になるのでしょうか。これが消費税に関する謎解きの第二ステップです。この点を解明するために、次の図に進みましょう。

前図は税収構造を国際比較したものでしたが、今度は税率の国際比較です。主要国・地域の消費税率を比べてみました。こうして見ると、8%という日本の現行消費税率については何がいえるでしょうか。ちなみに、この図の中にアメリカが含まれていないのは、アメリカでは国税レベルで消費課税を行っていないからです。

ご覧の通り、本図に登場している20の国と地域の中で日本の8%は、台湾とカナダの5%、そしてタイとシンガポールの7%に次いで3番目に低い数字です。欧州諸国がほぼ20%台の税率となっている状況に比べれば、確かに低率に止まっています。高齢化や資産規模などから見た経済の成熟度という点では、日本の方がこれらの国々よりも一歩先を行っているといえるでしょう。それにもかかわらず、日本の消費税率は彼らとは桁違いに低い。つまり、経済の構造や体質に見合った租税制度を用意するという観点からは、日本の消費税率には引き上げ余地があるといえるわけです。その意味で、直間比率の是正は確かに引き続き課題だといえるでしょう。

図7　消費税（付加価値税）の標準税率の国際比較　2016年1月現在

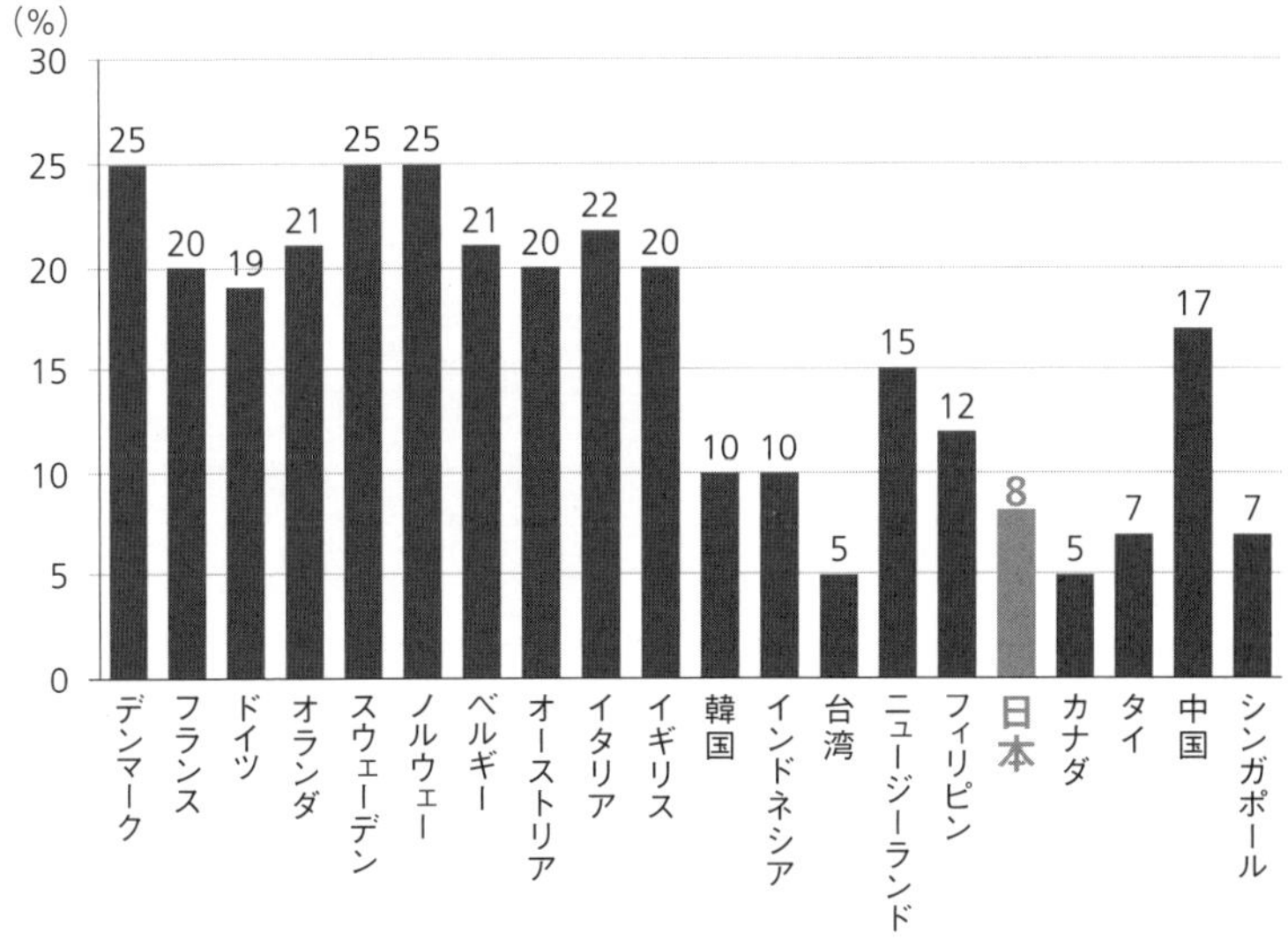

資料：国税庁ホームページより作成

租税体系は国の成熟度に見合う

そもそも、一国の租税制度というものは、その国の経済的発展段階や特性・体質などと上手く整合していなければなりません。若い経済には、若い経済にふさわしい租税体系がある。成熟経済には、その成熟度に見合った租税体系が用意されなければいけません。誰に最も担税力があるのか。なるべく多くの人々から可能な限り公平に税金を取るためには、どこにどのような税金の網を投げかけるのがいいのか。それらのことを吟味した上で構築された租税制度でなければ、税収も順当には上がりませんし、国民に余計な負担をかけるばかりです。

サラリーマンがあまりいないのに、サラリーマンの給与所得にばかり税金をかけるのは、ピントのはずれた租税制度です。企業の数がとても少ないのに、法人税を租税制度の軸に据えるのもおかしいでしょう。大金持ちがたくさんいる経済なのに、彼らの資産に税金をかけないのも愚行です。合理的でよく考えられた租税制度であれば、その姿は当該国の経済実態を素直に反映しているはずです。言い換えれば、一国の租税制度がどのような特徴を持っていて、租税体系がどのような構造になっているかを見れば、その国がどのようなタイプの国であり、どのような経済体質を有しているのかを、ピッタリ見抜くことが出来るはずです。

この観点から見た時、日本の租税体系はかなり不可解な姿を呈しているといわざるを得ません。欧州諸国と同程度、あるいはそれ以上に成熟度が高いのに、彼らのようなレベルで消費課税を行っていない。消費税率の水準だけから見れば、この国はまだまだ大衆消費社会が実現されていない発展途上国だと推察されそうです。ところが、既に見た通り、一方では、消費課税から得られる税収が租税収入全体に大きく貢献している。とても頼りになる税金の稼ぎ頭になっているわけです。これをどう解釈したらいいのか。これは、一体どのような経済なのか。どうも分からない。これでは、いかなる経済名探偵といえども、租税体系の現状から日本経済の今日的姿を読み解くことは無理かもしれません。いかに探偵さんの腕が良くても、証拠物件が犯行現場の状況を正確に物語るものでなければ、事件の解決には四苦八苦するでしょう。やむなく、証拠品とは違うところから真相を探り出さなければいけなくなるわけです。

税率は低いのに、税収は大きい。この消費税の怪をもたらしているのは、どのようなカラクリなのでしょう。

まず、見落としてはいけないことが一つあります。それは、税収全体に占める割合という観点から見る場合には、いうまでもなく、「あちらが下がればこちらが上がる」という効果があることです。つまり、日本の消費税収比率が上がっているのは、所得税収の比率が下がっていることの反映だという面が多分にあります。それだけ、個人所得税の収税力が落ちているということですね。これはなぜか。むろん、人間の数が頭打ちになっているという点はありますが、それだけではありません。この点については、第9講義で考えたいと思います。

この所得税問題に留意した上で、それにしても、日本の消費税は税率が低いのに税収が大きいのはなぜか、というテーマに焦点を当てましょう。答えはもうお分かりですよね。それは、日本の消費税に一切グラデーションがついていないからです。何の手加減も配慮もなく、情け容赦なく、すべての人々のすべてのお財布から出てくるすべてのカネに、全く同じ税率の消費税をかけている。日本の消費税という名の投網《とあみ》からは、何人《なんぴと》の何物に対する消費行為も逃れることは出来ません。「天網恢恢《かいかい》、疎にして漏らさず」ならぬ「税網広々、低くも漏らさず」というわけです。

こうした日本の状況に比べれば、欧州諸国の場合は「税網深々、漏らすも高し」というところです。前図で見た通り、彼らの付加価値税は標準税率が高い。しかしながら、実は大きくグラデーションがついている。つまり、ゼロ税率や軽減税率の対象品目が幅広く設けられているのです。日本の「低く広く」方式に対して、彼らは「高く狭く」方式を採用しているのです。「低く広く」で済んでいる間は、日本型の「税網」にもそれなりの合理性があるといえるでしょう。ですが、日本の消費税は次第に「低く」の領域から遠ざかろうとしています。そうしなければ、財政再建の展望は開けません。来るべき消費税率10％の段階に入れば、国際比較的にはまだまだ低いですが、低所得層にとっては、明らかに負担が相当重くなってきます。欧州水準に近づくとなれば、人々はさらに厳しい状況に見舞われます。それを考えれば、消費税に関する軽減税率は躊躇《ちゅうちょ》なく、導入に踏み切るべきでした。

ところが、この当たり前の配慮について、対応の方向がなかなかまとまりませんでした。政府の腰が実に重かった。税率が複数あるのは面倒臭い、などという暴言も飛び出す始末です。なぜ、ここまで軽減税率を嫌がったのでしょうか。

大きな理由が、中小企業への経理事務負担増にあるようです。確かに、この問題はあります。ですが、この問題が発生するのは、日本の消費課税のあり方そのものに、当初から不備があったからです。消費税率を2桁に持っていこうかというこの段階で、そろそろ、まともな方向に向けての再設計を行った方がいいでしょう。

前述の通り、そもそも、日本の消費税は「低く広く」の発想で作り上げられました。税率は低く抑える。だから、広く一律に課税する。この基本思想に基づいて設計されたわけです。そして、税率が一律であることを前提にして、いわゆる「簡易課税方式」が採用されました。この方式によれば、企業は仕入れ商品に関して個別インボイス（売買契約の履行状況に関する書類。税額に関しても明記されている）を保管・整理して納税額を算出する必要がありません。一定の「みなし仕入れ比率」を使って消費税の既納税額を「推計」し、その分を最終消費者からの消費税の「預り分」から差し引けばいいのです。

だが、軽減税率の導入で仕入れ商品にかかる税率が多様化してくると、これでは通用しません。きちんと実際の仕入れ状況を管理して、それに対応した納税額を集計する必要があります。これが大変なのだというわけです。だから仕入れに占める軽減税率適用品目についても、これまた「みなし比率」を業種別に決めてしまえ、という案が浮上してきました。「みなし」の上にまた「みなし」です。これでは、いかにもいい加減です。「低く広く」が限界に達したなら、「高く狭く」に向けて、しっかり制度設計を見直すのがまともなやり方でしょう。

経済学の生みの親が教える軽減税率の必然

ちなみに、本書の前半でご登場いただいた、かのアダム・スミス大先生も消費税について語っているのですよ。『国富論』の第5編の中で消費に関する課税に言及しています。面白いことをいっていますよ。スミス先生は、消費課税を「人々の所得を直接的に、そして所得水準に比例して」公平・公正に課税する能力のない国々の苦肉の方便だといっています。そして、このような課税のやり方は、人々の消費支出が彼らの所得水準に比例していることを前提にしている、ともいっています。

つまり、先生は、まず消費課税をあくまでも所得に対する直接課税の代替税だと位置づけています。そして、そのような代替物に頼らなければ、ちゃんと税金が取れない徴税吏《ちょうぜいり》たちを揶揄《やゆ》している。いい気味ですね。もっとも、今日のように、人々の国籍と彼らが消費行為を行う場所が一致するとは限らなくなってくると、このお叱りは少々かわいそうな気もします。いみじくも、このくだりで、先生は「臣民の所得をしっかり把握出来ない国家」という言い方をしていますね。こういうところに、『国富論』の時代が君主国家の時代だったことが滲み出ていますね。ある国家の国境内に住んで、稼いだり買い物をしたりしている人々は、みんな国王の臣下だった時代です。そのような時代だったからこそ、間接課税は直接課税の全《まった》き代替物とみなされたわけです。

この辺については、今とあの時の違いを踏まえておく必要があります。ただ、この点を勘案した上でも、スミス先生の消費税観には、実に貴重な示唆《しさ》が含まれています。なぜなら、前述の通り、先生は消費に対する課税額にも、課税対象者の所得水準が反映されていなければいけないと考えていた。つまり、金持ちの消費水準とその消費構成には彼らの豊かさが滲み出ていて、貧乏人の消費実態には、その苦しい懐具合が表れていると理解していた。だからこそ、消費課税に所得課税に対する代替税としての機能があるといっているわけです。国々のだらしない徴税吏たちにも、さすがにそれぐらいのことは分かるから、消費課税を考え出したのだろう。先生はそのように論考されているわけです。

ここが肝心なところです。つまり、経済学の生みの親によれば、金持ちの消費には金持ちらしく課税され、貧乏人の消費には貧乏人らしく課税されなければいけないということです。この考え方に基づけば、そもそも軽減税率の適用は消費課税の当然の前提だ、ということになりますよね。決して特別措置ではない。消費に課税する以上、そこには、所得水準を然るべく反映する工夫があらかじめ組み込まれていなければいけない。先生の主張によれば、そういうことになりますよね。この観点からいえば、軽減税率はもとより、「重増税率」も消費税体系に組み込まれてよさそうです。つまり、金持ちが買うような贅沢品には、標準税率よりも重い税率を適用するということです。経済学の生みの親の教えに従えば、そういうことになります。

もうこれ以上、何もいうべきことはありません。「税網広々、低くも漏らさず」は、そもそも、消費課税に関する基本的な理念に反するということです。経済学の生みの親がそのようにおっしゃっているのです。これぞまさしく「QED（Quod Erat Demonstrandum）＝証明終わり！」という感じですよね。さて、続いて次の講義では所得税と法人税について考えていきましょう。

第9講義

租税②

税の体系に求められる哲学とは

個人所得税の今日的位置づけ

話題の消費税については、第8講義でお話しした通りです。残る主要な税目は所得税と法人税でしたね。まずは、所得税について考えてみましょう。前述の通り、いまや、所得税は消費税とほぼ同程度の収税源にしかなっていません。それだけ、日本の租税制度も間接税依存型への移行が進んでいる。そのように考えていいのでしょうか。確かに、日本の消費税は税率が低いわりには収税額が大きい。このカラクリについて、前講義で検討したのでした。併せて、消費税収の割合が大きくなるのは、所得税の収税力が落ちていることによる面も大きいのだという点も、確認しましたね。

ここまで来れば、次に追求しなければいけない問題は明らかです。なぜ、日本において所得税の収税力が落ちてきているのか。人口問題の影響については、既に言及しました。所得を稼ぎ出す世代の割合が相対的に低下すれば、所得に対する課税の収税力が落ちるのは当然です。

この点を、まずは押さえておく必要があるでしょう。

もう一つの所得税収低迷要因として、必ず挙げられるのが、デフレの影響です。長引くデフレの中で、人々の所得が伸びない。そのことが、１９９０年代以来の問題として指摘されます。これも、確かにその通りです。

ただ、問題は人口と所得の伸び悩みだけではありません。もう一つ、見落としてはならない税収減少要因があります。それは、お金持ちから十分に税金が取れなくなっているということです。ご承知の通り、所得税の税率は、所得水準によって違います。所得に関する税率区分というものが設定されていて、自分の年間所得がどの税率区分帯にまたがるかで適用される税率が変わってきます。例えば、年間所得が５００万円の方の場合を考えてみましょう。１６３ページの表をご覧ください。現行の税率区分でいけば、５００万円のうち１９５万円分までについては5％の税率が適用されます。１９５万円を超えて３３０万円以下までの部分について10％、残りの部分について20％の税率が適用されます。つまり、所得の総額に対して一律の税率が適用されるわけではないということです。このような課税方式を超過累進税率方式といいます。これも、どうも分かりにくい言い方ですが、要は、「所得が一定の水準を超過するごとに適用税率が上がる」ということをこのような言葉で表現しているとお考えください。

この表でご覧の通り、この超過累進税率に関する税率区分はこれまでに大きく変わってきています。かつては実に細かく税率区分が設定されていましたね。これが１９８０年代末からどんどん大ざっぱになり始めて、１９９９年からはわずか４区分になりました。その後、若干逆戻りして、２０１５年時点では７区分になっています。それでも、１９７０年代とは大違いですね。あの当時は年間８０００万円を上回る所得部分については75％の税率が適用されていました。それがいまや４０００万円以上部分について一律45％です。

このように所得課税の累進度を低くして、所得区分ごとの税率格差をなくしていくことを、税の「フラット化」といいます。フラット化は、「平らにする」の意です。フラット化をどんどん進めていけば、税率区分無しにすべての所得に対して一律の税率を課すことになります。このような累進性のない一律課税を「フラット・タックス」と呼んだりします。日本の場合、表に見られるような形で所得税のフラット化を進めてきたことも、税収低下につながった面があると思います。

税のフラット化が増収につながるか、減収につながるか、はたまた税収に対しては中立なのか、ということについては、議論の分かれるところではあります。ちなみに、アメリカのロナルド・レーガン政権下では、税のフラット化を目指して金持ち減税が積極的に実施されました。この政策が、「レーガノミクス」の中で大きな位置づけを占めていたのです。あまり高い超過累進税率が適用されると、高額所得者がやる気をなくす。所得隠しに走ったり、あまり一生懸命働かなくなったりする。これでは税収が増えない。むしろ、税負担を軽減してあげた方が税収は増える。これが、「レーガン減税」の理屈だったのです。イギリスのマーガレット・

表1　所得税率と所得区分の推移

（単位：万円）

	1974年	1984年	1987年	1988年	1989年	1995年	1999年	2007年	2015年
所得税率と所得区分	10%	10.5%	10.5%	10%	10%	10%	10%	5%	5%
	～60	～50	～150	～300	～300	～330	～330	～195	～195
	12%	12%	12%	20%	20%	20%	20%	10%	10%
	～120	～120	～200	～600	～600	～900	～900	～330	～330
	14%	14%	16%	30%	30%	30%	30%	20%	20%
	～180	～200	～300	～1,000	～1,000	～1,800	～1,800	～695	～695
	16%	17%	20%	40%	·40%	40%	37%	23%	23%
	～240	～300	～500	～2,000	～2,000	～3,000	1,800～	～900	～900
	18%	21%	25%	50%	50%	50%		33%	33%
	～300	～400	～600	～5,000	2,000～	3,000～		～1,800	～1,800
	21%	25%	30%	60%				40%	40%
	～400	～600	～800	5,000～				1,800～	～4,000
	24%	30%	35%						45%
	～500	～800	～1,000						4,000～
	27%	35%	40%						
	～600	～1,000	～1,200						
	30%	40%	45%						
	～700	～1,200	～1,500						
	34%	45%	50%						
	～800	～1,500	～3,000						
	38%	50%	55%						
	～1,000	～2,000	～5,000						
	42%	55%	60%						
	～1,200	～3,000	5,000～						
	46%	60%							
	～1,500	～5,000							
	50%	65%							
	～2,000	～8,000							
	55%	70%							
	～3,000	8,000～							
	60%								
	～4,000								
	65%								
	～6,000								
	70%								
	～8,000								
	75%								
	8,000～								
税率の区分数	19	15	12	6	5	5	4	6	7

＊住民税と合わせた最高税率

	93%※1	88%※1	78%	76%	65%	65%	50%	50%	55%

※1　1974年及び1984年については賦課制限がある。

※2　2013年1月から2037年12月まで所得税額に2.1%の復興特別所得税が課される。

資料：財務省ホームページより作成

サッチャー政権下における「サッチャリズム」も同様の考え方を採っていました。しかしながら、実際には、この種の金持ち減税が両国の財政収支の改善に大きく寄与したわけではありませんでした。特にレーガノミクスの下では、アメリカの財政赤字がむしろ大きく悪化することになったのです。日本でも、所得税のフラット化の進展と所得税収減が同時進行してきたわけですから、やはり、この問題を見過ごすわけにはいきません。

法人税減税論議の怪

法人税については、何をどう考えるべきでしょうか。今日的な話題性という意味では、法人減税というテーマが一つの焦点でしょう。消費税について増税論議が続く一方で、法人税については、もっぱら減税が話題の中心になっています。なぜでしょうか。法人減税の必要性を唱える人々の主張を整理すれば、およそ次のようになるでしょう。

日本企業の租税負担は重過ぎる。それが日本企業の国際競争力を削《そ》いでいる。競争力不足の日本企業は、収益が上がらない。だから、結果的に法人税収も上がらない。むしろ、法人減税のおかげで日本企業が活気づけば、結果的に税収は上がるだろう。そもそも、日本企業の競争パフォーマンスが悪ければ日本経済は満足に成長出来ない。企業が儲からなければ、人々の賃金も上がらない。踏んだり蹴ったりだ。だから、日本もグローバルな世間並みなところまで、法人税率を引き下げるべきだ。さもなくば、日本企業は日本を見限って、もっと法人税が低くて暮らしやすい海外に活動拠点を移してしまうかもしれない。法人税が高過ぎる日本には、海外から企業がやって来てくれることもない。日本を、企業にとってもっと活動しやすい場所に衣替えしなければ、日本経済の未来が危うい。

ざっとこんなところだと思われます。少なくとも、筆者が法人減税の正当性や必要性を大いにプロモーションしろといわれれば、思いつくのは以上のようなポイントです。こうした法人減税キャンペーンに、どこまで本当に正当性があるでしょうか。それをここで検討していきたいと思います。

この検討に踏み込む前に、取り急ぎ、租税ケーブルとしての法人税の位置づけを再確認しておきましょう。先に見た通り、三大租税税目の中で法人税収は3番目の位置にあります。消費税や所得税に比して、既にして相対的に貢献度が低い格好になっているわけです。ここでさらに法人税率を引き下げれば、法人税に頼れる部分はさらに小さくなってしまうでしょう。この財政難の状況の中で、それでいいのかという疑問が湧いてきますよね。もっとも、前述の「減税すれば税収は増える」という議論に従えばこの問題は発生しないわけです。これは、個人所得税の項で言及したレーガン減税の考え方を法人税に応用した考え方ですが、果たしてどうでしょうか。これらの疑問を意識しつつ、先に進んで参りましょう。

まずは、最も基礎的なところから始めたいと思います。実際に、日本の法人税は諸外国に比べて高いのでしょうか。この点について、次の図をご覧ください。

ご覧の通り、国税と地方税を合算した日本の法人実効税率は、２０１６年４月時点で29・97%となっています。２０１１年度の段階では39・54%でほぼ40%でしたが、その後、既にかなり引き下げられてきているわけです。その結果、現状ではほぼドイツ並みの水準になっています。アメリカに比べればかなり低いのが実態です。中国、韓国、シンガポールなどのアジア勢、あるいは、イギリスに比べれば確かに相対高ですが、総じていえば、突出して高いというわけではありません。

経団連（日本経済団体連合会）を中心とする企業側は、さらに25%辺りまでの引き下げを求めています。何とかアジア勢並みのところまでの負担軽減を勝ち取りたいということでしょう。気持ちは分かりますが、ここで皆さん、少し気になる点が出てきておいでではないでしょうか。日本の法人税率が、企業側が切望する通り25%あるいはそれより低いところに下がった時、他の国々はどうするでしょう。それを指をくわえて見ているでしょうか。イギリスの法人税率は、ついこの間まで25%でした。それを一気に20%に引き下げた。さらに、２０１７年４月から19%、そして２０２０年４月からは18%に引き下げられる予定です。中国や韓国、シンガポールなどもじっとしてはいないでしょう。もちろん、欧州勢も然りです。こうして、誰もが法人税率引き下げ競争に乗り出すことになると、もはや切りがありません。国々の間で減税戦争の火ぶたが切られることになります。スター・ウォーズならぬタックス・ウォーズです

図8　法人実効税率の国際比較

（2016年4月現在）

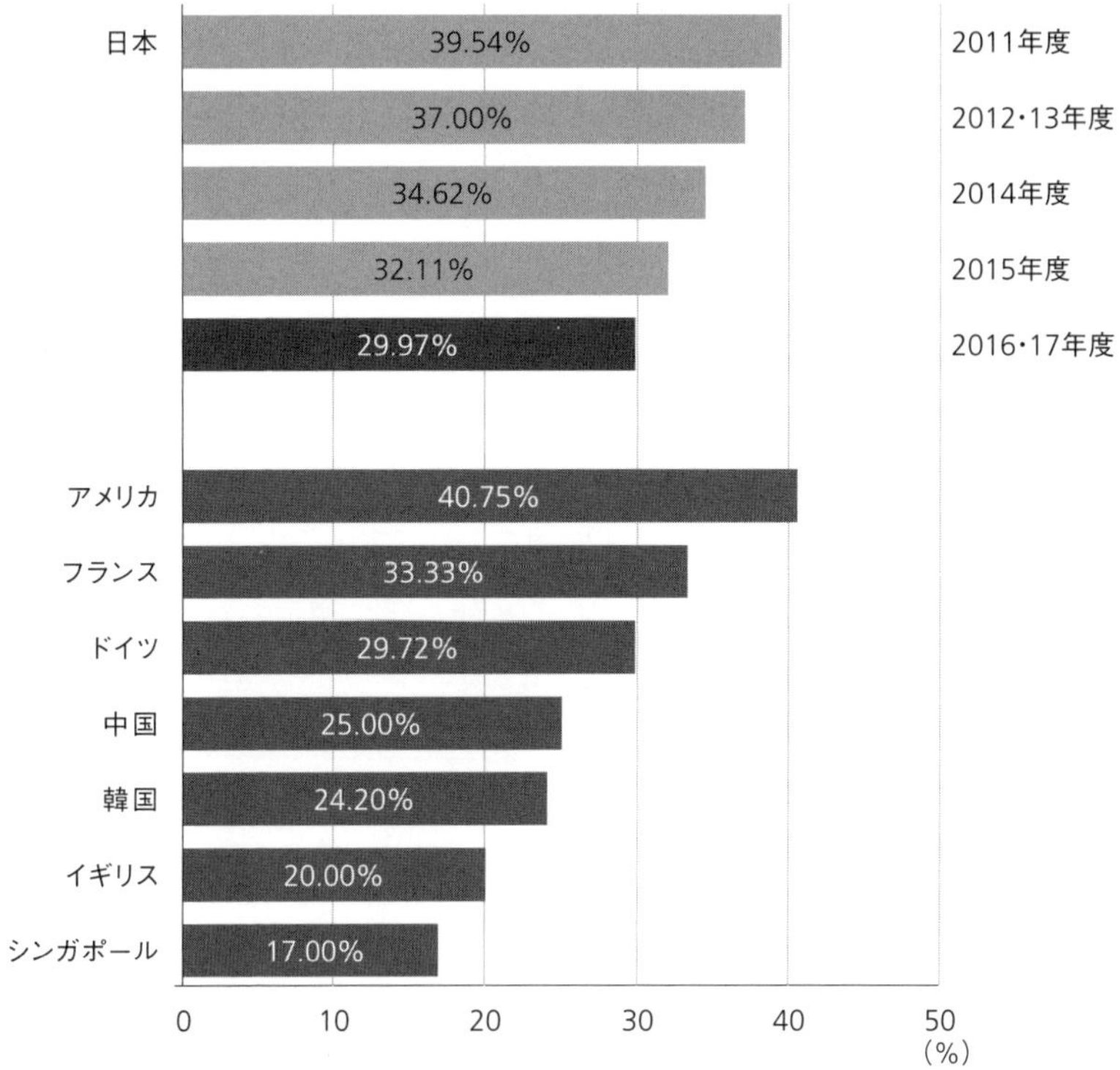

（注）法人所得に対する税率（国税・地方税）。地方税は、日本は標準税率、アメリカはカリフォルニア州、ドイツは全国平均、韓国はソウル市。なお、法人所得に対する税負担の一部が損金算入される場合は、その調整後の税率を表示。
資料：財務省ホームページより作成

ね。やられたら、やり返す。果てしなき報復合戦です。

法人税も世界戦争

通貨の講義で、通貨戦争を検討したのは、ご記憶の通りです。通貨戦争は勝者なき消耗戦でしたね。減税戦争も、それと全く同じことです。タックス・ウォーズがどんどん熾烈《しれつ》化すれば、最終的にはすべての国々で法人税がゼロになるところまでいってしまうでしょう。それでもダメなら、今度は補助金などの優遇措置で企業を自国内に引き留めたりおびき寄せたりしようという動きが出てくるかもしれません。税金を負けてあげるどころか、優待金をお支払いしますから、どうぞ我が国をご贔屓《ひいき》に、という話になってくるわけです。現に、EU内では、こうしたタックス・ウォーズ問題がつとに各国間の軋轢《あつれき》のテーマになっているのです。減税戦争にどんどん踏み込んでいくことが、果たして日本経済全体にとってどこまでプラスの効果をもたらすことになるのか。これは、実に慎重に考える必要があるテーマです。問題は、むしろ、どうすれば、国々の間のタックス・ウォーズを停戦に持ち込めるかということではないでしょうか。その辺りで、国々そして企業も巻き込んだ知恵の出し合いがあって然るべきではないかと思うところです。

ところで、前の図に見られる通り、アメリカの法人税率が相対的に高いですよね。国際比較的に見た法人税率を問題にするなら、いまや、むしろ、アメリカの方が日本よりも大きな問題を抱えているというべきでしょう。実際に、アメリカでも法人税率の引き下げを求める声は後を絶ちません。バラク・オバマ政権下では、この声をあまり本格的に聞き入れる姿勢は示されてきませんでした。オバマ大統領は、そもそも社会的格差の是正を掲げ、ウォール街を中心とするビッグビジネス優遇型政治からの脱却を唱えてきたわけですから、これは当然でしょう。今後、アメリカ政府のこうした姿勢がどうなるかは分かりません。いずれ、アメリカが本格的にタックス・ウォーズに参戦する可能性もあるでしょう。そうなれば、ますます、グローバルなスケールでの法人税ゼロ時代がぐっと近づいてきそうです。ちょっと怖い話ですね。その時、国々の財政はどうなってしまうのでしょうか。

思えば、アメリカと日本がこれまで相対的な高法人税率国であったのも、歴史的に見ればタックス・ウォーズに巻き込まれずに済んでいた期間が長かったからだといえるでしょう。日本は島国ですし、アメリカも厳密にいえば島国ではありませんが、それに近い自己完結性がありま す。少なくとも、欧州諸国のように橋を一本渡ったり門を一つくぐればそこはもう外国、という環境下にあるわけではありません。いくら税金が高いからといっても、企業はそうそう気軽にお引っ越しをするわけにはいかない。引っ越しの費用もばかになりませんし、引っ越し先の経済的風景に上手く溶け込めるかどうかも分からない。

そこへいくと、欧州企業たちのお引っ越しはいとも簡単です。大陸欧州諸国の場合、極端なケースでは、国境という名の線を一本またげば、もうお隣の国です。ほとんど母国との差はありません。言葉も同じだったりするケースがあります。そのような環境の中では、税金逃れのためのお引っ越しは簡単しごくです。そうした状況下で、欧州諸国の企業減税戦争が早くから過激化したのも、展開としてはうなずけるところです。

いずれにせよ、法人減税にあまり力を入れると、結局のところ、法人税率ゼロの世界に突入してしまう恐れがあるという点は確認しておくべきだと思います。

高法人税率は競争力を阻害しない

さて、そこで次のテーマに移りましょう。法人税が高いことは、実際問題としてどこまで企業の国際競争力を阻害する要因になるのでしょうか。確かに、せっかく企業が頑張って収益を上げても、その多くの部分を税金で召し上げられてしまえば、彼らは次の展開につながる投資や研究開発を十分に実施出来ない。そのことが彼らの競争力を弱体化させるということはいえそうです。ただ、これがどこまで決定的な競争上の致命傷になるかは、一概にいえることではないでしょう。企業の競争力を規定する要因は実に様々です。

さらにいえば、法人税が高いために、日本の企業が実際に資金不足に陥って、思うような競争力強化策を講じられないでいるといえるでしょうか。そうはいえないでしょう。なぜなら、日本企業は巨額の内部留保を貯め込んでいます。そのおかげで、日本の企業部門全体としてみた純貯蓄（貯蓄マイナス投資）の規模はＧＤＰ比で８％近くに達しているのです。この水準は、先進諸国の中で突出して高いものです。欧米主要国の平均値がＧＤＰ比概ね２％ですから、日本企業の貯蓄ポジションはまさしく群を抜いています。

内部留保は、税引き後の利益から配当や役員賞与を支払った後に、企業の手元に残る資金。いうなれば、ヘソクリのようなものです。これがあれば、例えば災害に見舞われた時の復興資金として使えます。取引先が倒産して、売掛金などの債権が回収不能となった時にも頼りになる資金です。銀行から貸し渋りや貸しはがしにあった時にも、当座の資金繰りに役立ってくれるでしょう。そのような意味合いにおいて、企業にとって内部留保をそれなりに持っておくことは重要です。

ただ、内部留保を大きく積み上げることが出来るということは、それなりに資金繰りにゆとりがあるということです。そのような状況の下で、法人税が高過ぎるから金欠に陥るのだ、というわけにはいかないでしょう。内部留保は税引き後の資金です。日本の企業貯蓄率が突出して高くなるほど税引き後に資金的ゆとりがあるのであれば、法人税負担が高過ぎるという言い方には、いささか疑問を感じてしまうところです。

税金が高いと日本企業が海外に逃げていくという点はどうでしょうか。あるいは、税金が低くなれば、海外の有力企業たちが日本にやって来てくれるという点はどうでしょう。これについては、経済学でいう「他の条件にして一定ならば」その通りかもしれません。企業がその立地を決める際、考慮する要因は実に様々あります。土地の取得価格、不動産賃貸料、自然環境、人材状況、治安、政治体制、法制度、為替リスク、輸送環境等々。A国とB国との間で、これら諸条件がすべて同じであれば、確かに法人税率の格差が立地選択の決め手になるでしょう。ですが、その他の条件について様々な違いがある場合、法人税率の差がどこまで大きな立地決定要因となるか。これも、一概にはいえないでしょう。

ちなみに、17〜19世紀の欧州には、「窓枠税（窓税）」というものがありました。窓が多い家には裕福な人々が住んでいるという前提の下に、課税水準を決めたのです。このやり方をかいくぐるために、人々は窓を埋め潰すことで対応したのでした。かくして、租税を巡る狐と狸の化かし合いは、時代を超えて続いていくのです。歴史に助けを借りて今日的な経済真理を突き止めようとする我々は、こんなところにも目を向けておいていいでしょう。

それはそれとして、今の日本では、法人減税の財源を法人事業税に関する外形標準課税の拡大で賄おうというのですが、何ともおかしな話ですよね。原理原則論に基づいて外形標準方式を活用するのだということなら、それは分かります。ですが、この場合には、単に法人減税のための財源探しです。ここで頭に浮かぶのが、英語の古い格言です。それは、「Robbing Peter to pay Paul」というものです。「ポールさんへの借金を返すためにピーターさんからカネを盗む」という意味です。法人減税の穴埋めのために、法人事業税の外形標準課税を使うというのは、まさしく、このピーター・ポール関係に他なりませんよね。

こういう辻褄《つじつま》合わせのために租税体系を変えるというのは、実におかしな話です。すべての税金には、その果たすべき役割があります。それぞれの税金が、その役割をより良く果たせるように必要な租税改革を行う。これは理に適った話です。それに対して、ある特定の減税措置を可能にするために、他の税金を引き上げるというのは、単なる帳尻合わせです。そのような形で租税政策を濫用してはいけません。租税政策には、それなりの哲学が必要です。どのような税金を、どのような発想に基づいて課するのか。そこをしっかりしておかなければ、租税政策は果てしない場当たり対応によって、無茶苦茶なものになってしまうでしょう。消費に関する課税について、アダム・スミス先生がどんな発想をお持ちであったか、ここでも思い出していただきたいと思います。

租税制度の中には、国々の歴史があり、そこには、その国の発展段階が反映されているはずです。政策責任者たちには、税金というものの位置づけについて、この辺りの認識をしっかり持っていてもらわなければ困ります。こうして見れば、法人減税を巡る今の日本の議論は、そもそも租税制度というものが何のためにあるのか、そして人はなぜ税金を払わければいけないのかということについて、あまりにも認識が希薄な状態で繰り広げられていると思います。そのような軽薄な論議によって煙に巻かれないためにも、やはり我々は歴史を知らなければいけません。

そもそも、日本の租税制度というのは、どのような経緯の中で、どのような租税哲学に基づいて形成されてきたのでしょうか。ここでいよいよ、歴史の領域に踏み込んでいきましょう。歴史に語ってもらうことをもって、今の状況の問題点を明らかにすることが出来れば、しめたものです。これが首尾よくいけば、歴史の万華鏡を通じて今を見るという本書の意図にも、上手く合致した形で本講義を締めくくることが出来るわけです。

シャウプ勧告が目指したもの

というわけで、戦後間もない時期にタイムスリップです。ここで、我々がどうしてもお目にかからなければならない方がおいでになります。その人の名は、カール・S・シャウプ。コロンビア大学の先生です。１９４９年5月に日本に派遣されました。

シャウプ先生は、ＧＨＱの要請を受けて日本にやって来ました。彼に託されたのが、戦時中にすっかり無茶苦茶になっていた日本の租税制度を立て直すことでした。シャウプ先生は、筋金入りの租税制度のエキスパートでした。欧州の付加価値税の仕組み構築にも大いに貢献した人です。その彼が率いた「日本税制使節団」（シャウプ使節団）が日本にやって来て、「シャウプ使節団日本税制報告書（Report on Japanese Taxation by the Shoup Mission）」をＧＨＱに提出しました。これが、世にいう「シャウプ勧告」です。このシャウプ勧告が、戦後における日本の租税制度の枠組みとなったのです。租税制度の大家は、戦後日本に対して、どのような租税制度の構築を勧告したのでしょうか。その内容を見ていきましょう。

シャウプ勧告の特徴は、大別すれば、二点です。その一は、公平と簡素を制度構築の基本原理としたこと。その二が、直接税を軸とする租税体系の実現を目指したことです。これら二つの原理と狙いは相互に決して無縁ではありませんでした。なぜなら、戦時下の日本では、戦費調達のために、様々な間接税が場当たり的に作り出されて、簡素どころか、複雑怪奇な徴税状況になってしまっていました。そんな有様では、租税負担の公平性を維持しようなどという発想も、どこかに吹き飛んでしまいます。租税制度の大原則である応能負担という考え方も、「非常時」の名の下では、すっかり忘れ去られていたことでしょう。こうした状況を目の当たりにしつつ、公平にして簡素な租税制度を再構築しようとすれば、おのずと、間接税への過大な依存構造を改めて、直接税を租税体系の中心に据えることになる。シャウプ勧告は、このような論理に基づいて取りまとめられた。そう考えていいでしょう。

ちなみに、シャウプ勧告の序文には、次のように書かれています。「(自分たちの取り組みの下では、)もし、日本がそれを望むのであれば、向こう数年の間に、世界で最も優れた租税制度を日本が手に入れられない理由はない (Under this approach, we see no reason why Japan may not within a few years, if she so desires, have what would be the best tax system in the world.)」(訳は筆者、以下同)。

何とも、持って回った言い方ですが、要は、自分たちに任せておけば、日本に世界一の租税制度をプレゼントしてあげるというわけです。なかなかの意気込みですね。パックス・アメリカーナの門出に立つアメリカ。若くて自信に満ちたアメリカの前傾姿勢がよく伝わってきます。

そんな彼らが直接税中心主義にこだわったのは、前述の通り、戦時中に導入された種々雑多な間接税群によって、日本の租税制度の公平性と簡素さが損なわれていたという判断があったからです。ただ、そもそも直接税を中心とするやり方こそが租税制度というものの王道だ、という考え方が原理的にも強かったといえるでしょう。既に見た通り、アメリカは少なくとも国税に関する限り、いまなお基本的に直接税中心主義の国です。それが、租税負担に関する応能主義に最もよく合致するやり方だ。この発想が貫かれているわけです。こうした租税理念を念頭に置く専門家たちが、日本に世界一の租税制度をプレゼントするのだということになれば、直接税中心主義が前面に出るのも、もっともなことです。

実際に、シャウプ勧告の中では、「(一国の税収に占める)直接税対間接税の比率は、納税義務に関する人々の意識の程度を示す大まかな尺度だといっていい。それに加えて、直間比率は、租税体系全体がどこまで人々の担税能力に上手く適合しているかを反映しているのが通例である。直接税は担税能力との対応関係がある。通常、間接税はそうではない(The ratio of direct-tax revenue to indirect-tax revenue is a rough indication of the extent to which the people are conscious of their tax obligations. It also usually shows whether the system as a whole is reasonably fitted to individuals' differing degree of ability to pay. Direct taxes can be so fitted, in general; indirect taxes, usually not.)」といっています。明らかに、直接税を応能主義によりよくマッチした税金だとみなしていますよね。

さてそれでは、こうしてシャウプ使節団が日本の租税制度改革に取り組み始めた時点で、日本の直間比率は、そもそもどうなっていたのでしょうか。この点についてシャウプ勧告は次のようにいっています。

「１９４９会計年度に関して見込まれている７８００億円の租税収入のうち、ほぼ半額（51％）が直接税収である。残りが間接税収だ。国税のみについて見れば、直接税の比率は54％である。（中略）このほぼ50対50という直間比率は、特段驚くに値するものではない。旧来型の租税制度の下で想定されるような直間比率と、戦時下のアメリカでも出現したような直間比率との間の中間的な位置づけにあるのが、現下の日本の直間比率の姿だといえるだろう。アメリカの場合、１９４７会計年時点では連邦・地方合計ベースの直接税収比率が約70％であった。（中略）連邦政府の税収のみについて見れば、その80％が直接税であった（……almost exactly one-half 〈51 percent〉 of the total 780 billion yen tax revenue in Japan is from direct taxes, and one-half from indirect taxes. The national ratio is 54 percent direct taxes; …This 50-50 ratio for the entire tax system is not particularly remarkable; it indicates a position somewhere between what might be expected under the older types of tax system and the one that has developed in the United States under pressure of war. In 1947, about 70 percent of total federal, state and local tax revenues came from direct taxes…. Of the Federal government revenue, 80 percent was from direct taxes.)」

　この書き振りがまたなかなか微妙で、いま一つ何を言いたいのか判然としない面がありますね。ただ、シャウプ使節団が取りまとめた他の文書から見ても、彼らが直接税を戦後日本の租税体系の中軸に置くべきだと考えていたことは間違いありません。前出の直接税と間接税の性格と位置づけに関する文言を見ても、直接税重視の姿勢は明らかです。この引用箇所の中でも、日本の直間五分五分の税収構造を紹介した上で、アメリカでは公的部門全体として7対3、そして連邦政府のみについて見れば8対2の直間比率になっていると指摘しているわけですから、彼らがアメリカ型の直間比率を目標に日本の税制改正を進めようとしていたと考えていいでしょう。

　かくして、シャウプ使節団の大いなる意気込みの下で、戦後日本の租税制度構築が緒に就いたのでした。彼らの思いは実際にどこまで形を取るにいたったのでしょうか。特に、問題の直接税中心主義の確立に関して、どこまで成果が上がったのでしょうか。この点について、数字を見てみれば、次の図の通りです。

　国税ベースで見た直間比率は、１９５０年度の段階で55対45でした。シャウプ勧告の中で

図9 国税に見る直接税と間接税の構成比

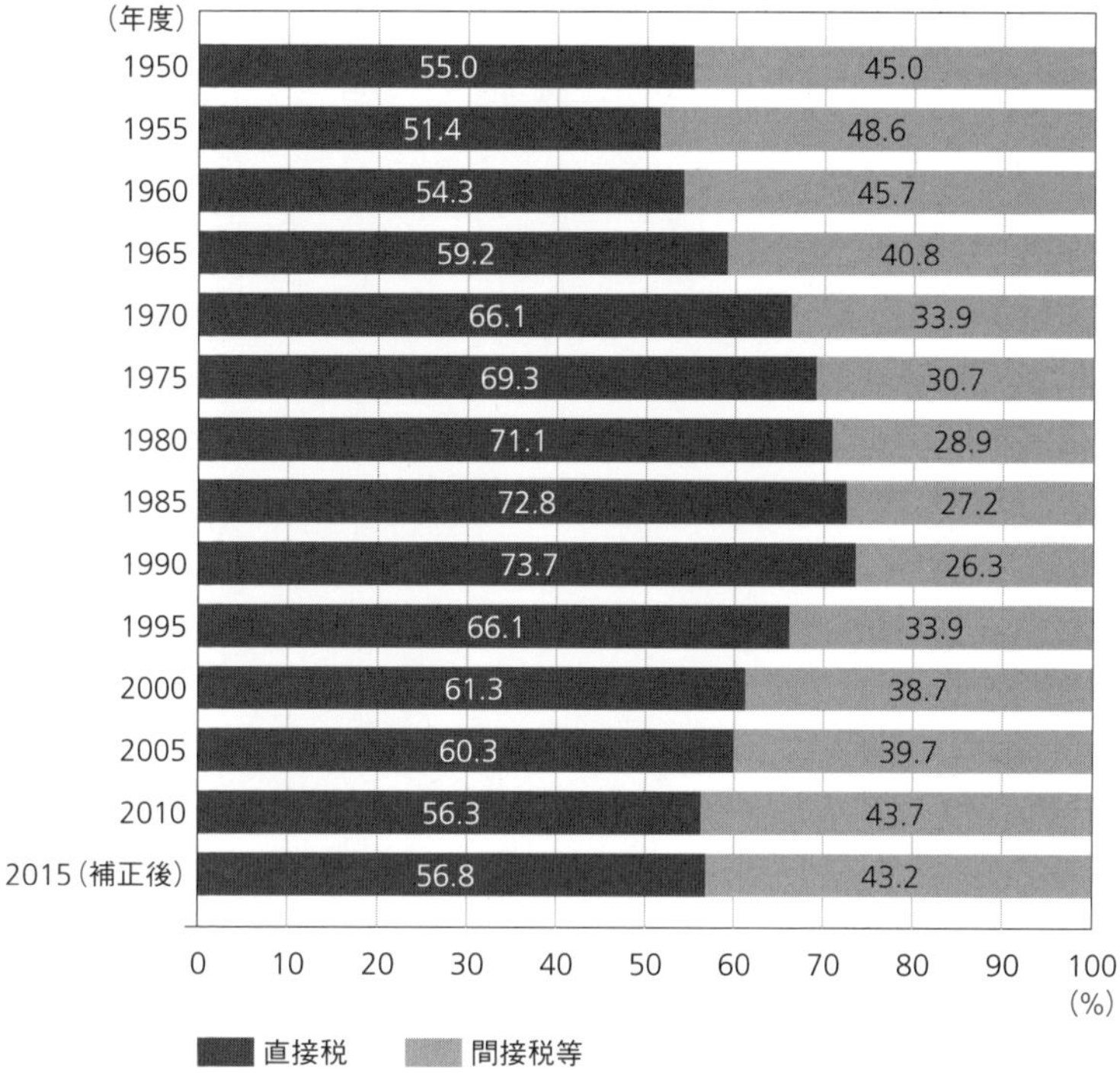

資料：財務省資料より作成

は、前出の通り、1949年度の直接税収比率を国税ベースで54％と見込んでいましたから、この表の数値とシャウプ使節団の計算とは、ほぼ平仄《ひょうそく》が合っていると見ていいでしょう。確かに、この時点で日本の直間比率は、ほぼ五分五分の関係にありました。

ここを出発点として、その後の展開はご覧の通りです。1965年以降、直接税収比率が目立って高まるようになっていますね。1970年度には、直接税収の比率が66・1％となり、直間五分五分の関係と明確に決別しています。1985年度の段階では、直接税が税収の72・8％を占めるにいたっています。シャウプ勧告から30年余りの歳月が経つ中で、日本の直間比率は、彼らが目指した直間7対3に到達したわけです。この数字が確認された時、シャウプ先生はどのような感慨を抱かれたでしょうか。

求められる21世紀版シャウプ勧告

さらに、直間比率の推移を見ていきましょう。1990年度以降の展開は、そこまでの推移とはかなり異なるものになっていますね。端的にいえば、それまでの直接税税収の比率が上がる展開とは、逆の動きになっています。1990年度をピークとして、今度は直接税収の比率が低下し、間接税収の比率が再び高まる展開になっています。この図中の最近値は2015年度の補正予算後のもので、直間比率が56・8対43・2という関係になっています。前講義では、２０１６年度予算ベースの税収構造を見ましたね。その数字から計算すると、所得税と法人税を合算した直接税収の比率が52・４％、消費税をはじめとする間接税その他税収が47・６％となります。

かくして何と、いまや、日本の直間比率は再びシャウプ勧告による改革が始動する前の直間五分五分の関係に戻っているわけです。この事実をどう解釈すべきでしょうか。この姿を見て、今は亡きシャウプ先生はどう考えられるでしょう。直接税の比率が70％台に達した１９８０年には、まだ先生はご存命でしたが、２０００年に亡くなられました。今は草葉の陰で日本の租税の状況を見守っておいでなわけです。どうでしょう。直間比率が再び五分五分関係に戻ってしまったことについて、落胆のため息をついておいでなのでしょうか。我々のあの努力は何だったのだ、とお嘆きでしょうか。

そんなことはないだろうと思います。前述の通り、租税制度も世につれて変わり、折々の経済実態をよく反映したものでなければなりません。租税制度の大家はそのことがよくお分かりですから、日本の税収構造が時とともに変化していることについて、大きな違和感を持たれることはないでしょう。

確かに、ある時期までは、直接税中心主義の租税体系は、日本経済の実態にとてもよく合致したものだったといえるでしょう。戦後の日本は輸出企業が成長を主導する形で高度成長期に入っていった。したがって、租税収入の中でも法人税が果たす役割が大きかった。そしてまた、そのような大口納税者である企業で働くサラリーマンたちが、たくさん所得税を納めるようになっていったわけです。しかも、彼らが支払う税金は源泉徴収方式で徴税されましたから、取りこぼしが少ない。このような体制の下では、直接税を軸に置いた租税制度が大いに収税力を発揮したわけです。

しかしながら、こうした状況もいまや大きく変化しています。人々は脱サラする。積極的に脱サラを選んでいるわけではなくても、そもそも正社員の地位を確保することが難しくなっている。所得格差も拡大している。もはや一億総サラリーマン社会ではありません。日本の国内で経済活動を営む人々の顔ぶれも多様化しています。日本人の所得ばかりに課税していたのでは、税収が従来のようには上がらなくなっている。こうなってくれば、国籍のいかんを問わず、日本国内における人々の消費行動に課税する、という消費税の考え方が合理性を持つようになってくる。そのような展開の中では、戦後間もない日本に対して直接税中心主義を提唱したシャウプ先生も、消費税の導入に強く異を唱えられることはないはずです。前述の通り、先生ご自身が欧州型付加価値税の設計に一役買われたくらいですから、消費税をそれ自体として毛嫌いされることはないでしょう。

ただ、だからといって、今の日本の租税状況について、先生が全く注文をつけられないかというと、それもないだろうと思います。それどころか、なかなか厳しい叱責が飛ぶだろうと思います。何がお叱りの対象になるかといえば、日本における租税体系の変化が、実に場当たり的な形で進行してきたという点です。詳しくは次講義のテーマですが、日本の財政がいまやとてつもなく不健全な状況に陥っていることは、よくご存じの通りです。このような状況の下では、租税体系についても、本質的で徹底的な議論に基づく見直しが必要になります。現状はどうなっているのか。どこにどのような問題があるのか。徹底的な問題点の洗い出しに基づいて、抜本改革の方向を突き止めていかなければいけません。それなのに、あなた方が今やっていることは何ですか？　なぜ、消費税を上げるのですか？　現下の状況の中で、本当に必要なのは法人減税ですか？　そのための財源はどうするのですか？　こうした一連の疑問に対して、しっかり、合理的に答えることが出来ますか？

先生は、恐らくこのように立て続けに質問を投げかけてくるでしょう。そして、このような姿勢こそが、今、日本の租税制度に関して求められているものです。

こうして見れば、今こそ、日本は21世紀版のシャウプ勧告を必要としているのだ、といえそうです。あの時のシャウプ使節団と同じような意気込みと情熱を持って、「世界一の租税制度」を再構築する。そのような気運の高まりを期待したいところですが、この期待に応えてもらえそうな気配は、残念ながらどこからも感じ取れません。シャウプ先生、ごめんなさい！

第10講義

財政①

財政赤字転落への道

財政政策、鑑定の手順

前の講義では、もっぱら日本の租税体系に注目しました。日本経済の中には、市場に対する外付け装置として政府というものが存在する。租税は、この外付け装置の主要な吸引ケーブルの一つでしたね。租税ケーブルを通じて、政府は市場からカネを吸い上げているのでした。

この点を受けて、今回と次の講義では、二つのテーマを取り上げます。まず、もう一つの吸引ケーブルである公債金に注目します。公債金を言い換えれば国債です。日本国政府は、税金を課すという形で民間部門からカネを吸い上げると同時に、民間部門に国債を買ってもらうという形でも、カネを吸引しています。近年においては、このケーブルの吸引力があまりにもパワーアップしてしまって、我々を心配させているわけです。ここで、この国債ケーブルの過剰なパワーアップ問題を整理しておきたいと思います。

その上で、次には政府という名の外付け装置の注入ケーブルの方に視点を移したいと思います。日本国政府は、吸引ケーブルを通じて民間部門からカネを吸い上げますが、このカネは、様々な財政支出に姿を変えて民間部門に再投入されることになります。そのために注入ケーブルが存在するわけです。ここでもし、かりに日本国政府の中の誰かがヨコシマなことを考えたりすれば、内緒で、注入ケーブルにバイパスケーブルを装着し、資金を別ルートに吸い取ってしまうようなことが起こるかもしれません。そして、本来、再投入されるべき先とは別のところにその資金を配分してしまう。そんな事件が発生しないとも限りません。今の日本では、さすがにそのようなことが大々的に起こることはないと思いたいですが、それでも公金の横領や不正利用が皆無だというわけではありませんよね。政治腐敗が深刻な国々では、そうしたことが堂々とまかり通ってしまったりもするわけです。

民主主義が台頭する前の王政国家の時代には、吸引ケーブルで吸い上げられた資金は、もっぱら王家の家計を支えるために使われていました。国民の生活を支えるために民間経済に再投入されることはなかった。そのような仕組みは存在しなかったのです。近代国家において、この仕組みの大きな柱となっているのが公共事業や社会福祉です。これらの注入ケーブルを通じて、税金や公債金が国民のために使われる。これが民主主義的国民国家の約束事です。ここでは、この約束事が日本においてどうなっているか、つまり政府の注入ケーブルがどのような状況になっているかを検討します。

こうして、第一に吸引側の公債金ケーブル、そして、第二に注入側の主要なケーブルを見ていくことが本講義と次の講義の課題です。これらの状況と、前講義までに見た租税ケーブルの状況を重ね合わせることで、我々は初めて日本の経済的風景の中に政府という存在がどんな姿で陣取っているのか、その全貌を把握することが出来るようになります。いざ、鑑定を開始いたしましょう。

ワニさんワニさん、お口がデカイのね

そこでまず、次の図をご覧ください。2本の折れ線グラフは、日本政府の一般会計歳出と一般会計税収を示しています。一般会計歳出が注入ケーブルを通じて民間部門に投入される財政資金の総計です。税収の方は、いうまでもなく、租税ケーブルを通じて政府が吸い上げる資金の総額です。

なお、ここでいう「一般会計」の「一般」というのは、ざっくりいえば「特定の税収が特定の支出に紐づけされているわけではない」という意味だとお考えください。用途が特定されている税金は「特定財源」といい、この特定財源と特定の用途を結びつけて整理した会計を「特別会計」といいます。特別会計のお財布の中身は、あらかじめ定められた目的のためにしか使えません。例えば、日常生活を賄うためのお財布とは別に、子どもの学費に充てるための特別のお財布を用意しておくようなイメージです。これに対して、一般会計のお財布の中身は、衣

図10　一般会計における歳出・歳入の状況

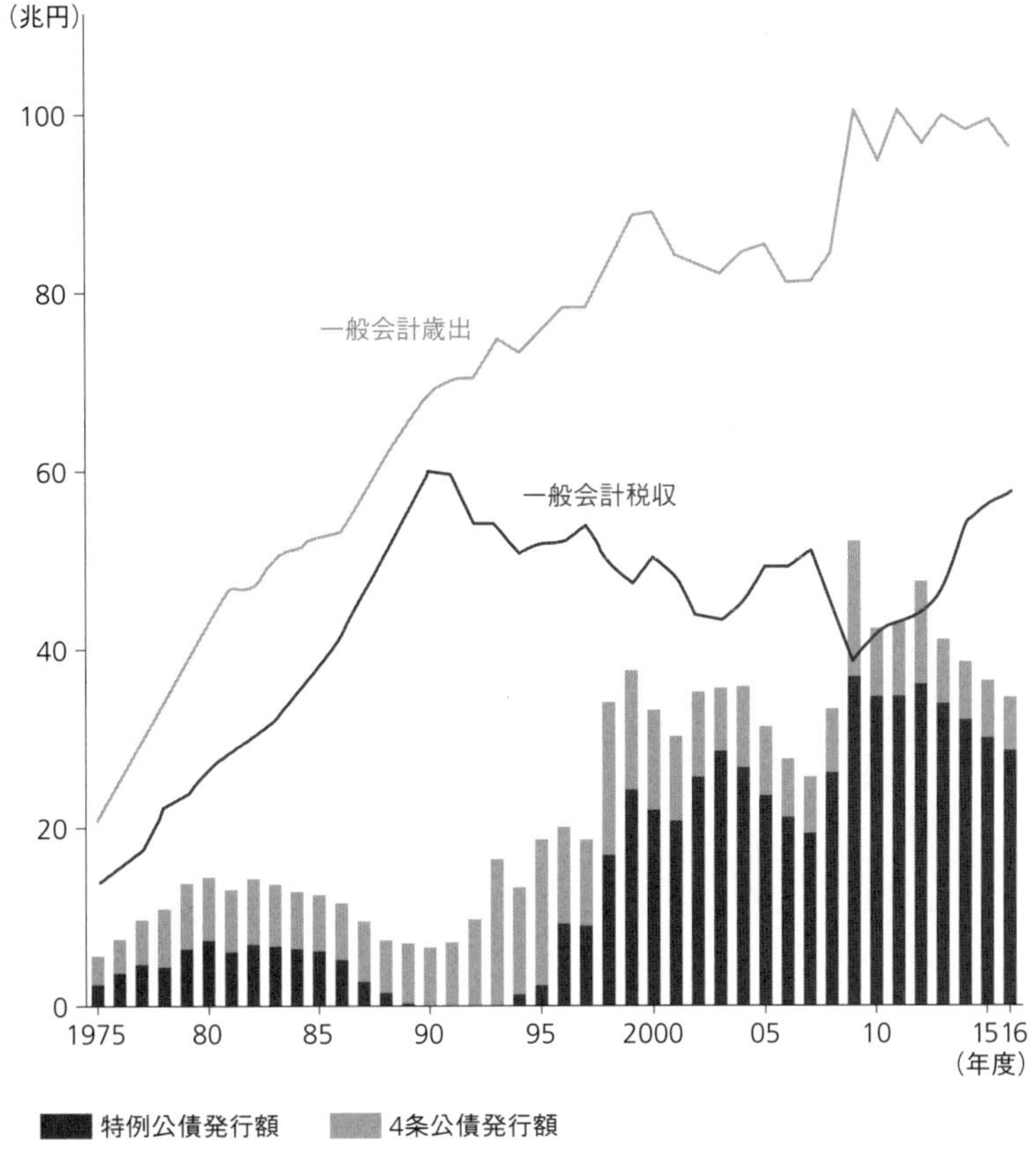

（注）2014年度までは決算、2015年度は補正後予算、2016年度は予算による。
資料：財務省ホームページより作成

食住の万事に充当される。こんな感じでお考えください。
同じ図の中に棒グラフも描き込まれていますね。これらは各年度の国債発行額を示しています。「4条公債」「特例公債」という内訳については、後ほどご説明します。一般会計歳出と一般会計税収の差額がいわゆる財政赤字です。この赤字分の大半を、棒グラフが示す国債発行で穴埋めしている。それがこのグラフの意味するところです。
この姿を見て、皆さんはどうお感じになりますか？　実は、筆者がこの図を拙著の中で取り上げたのは、これが初めてではありません。2012年3月に発行された『財政恐慌　ついに金融と財政の死に至る無限ループに突入した』（徳間書店）の中で、筆者はこの図について次のように書いています。

「一九七五年度から二〇一一年度に至る歳出と税収の二本の折れ線を輪郭線とする画像は、さながら長めのワニさんが大口を開けてのけぞっているような姿だ。大口部分の起点が一九九〇年度だ。へたをすれば、顎《あご》がはずれそうである」

今回の図には2012年度以降の分が付け加わっているわけですが、全体イメージに変わりはありませんよね。この本で筆者がこのように書いた後、しばらくすると、いつの間にか、この財政収支の図を「ワニの口」と表現することが流行るようになりました。財務省の関係者はもっと早い時期からこの表現を使っていたようですが、少なくとも、筆者がこのイメージを独自に思いついたことは間違いありません。要は誰が見てもそう見えるということですね。

それはともかく、改めてワニさんのお姿を見直してみましょう。いうまでもなく、一般会計歳出がワニさんの上顎、一般会計税収が下顎を構成しているわけです。『財政恐慌』でも書いている通り、1990年度辺りを起点に下顎がどんどん下に向かってだらしなく垂れ下がり始めていますよね。つまり、それだけ租税ケーブルの吸引力が低下し始めたということです。一方で、上顎に相当する注入ケーブルの方は順調に放出力が高まって上へ上へとそっくり返り続けていますよね。下顎はデレッと下垂。上顎はどんどんせり上がる。こうして発生した大ロギャップを何とか埋めようというので、下方から、にょきにょきと公債金の棒グラフが生え出してきた。こういうわけです。

こうして改めて眺めてみると、面白いのが2009年度の構図です。ご覧の通り、公債金の棒が税収の水準を上回ってしまっていますよね。さながら牙のごとく、ワニさんの下顎を突き抜けて伸び上がってきています。つまり、租税ケーブルがあまりにも力不足になってしまって、その分、公債金ケーブルのパワーアップを頼みの綱とせざるを得なくなったということです。何とも情けないですね。もっとも、この情けない体たらくには、2008年に起きたリーマンショックの影響がかなり効いているでしょう。あの出来事の衝撃で、税収は落ち込み、景気下支えのための歳出が増えた。その結果がこの姿だったということです。このように、ワニさんの上顎と下顎の具合には、その時々の経済状況が投影されているわけです。この点を意識することは重要ですが、それにしても、ワニさんの口元は、やはりそれなりにキリリと引き締まっていて欲しいものです。人間も財政ワニさんも、キリッとした口元は健全性の証拠です。

２０１０年度以降においては、ワニさんの下顎がある程度持ち上がってきていますね。これは基本的に喜ばしいことですが、問題はその要因です。２０１０、２０１１両年度は、２００９年度の落ち込みからの正常化プロセスだと見ていいでしょう。２０１２年度以降は、円安と株高が税収をかさ上げしている部分が大きそうです。ともすればデレッとなるワニさんの下顎を、円安や株高のつっかえ棒で無理矢理押し上げてきた。この側面が強いと思われます。つっかえ棒が力尽きた時、どうなるか。ここが問われるところです。

許せる借金、許せない借金

以上が財政ワニさんの上顎と下顎の関係、そして、その両者の間に生じたギャップを埋めるために登場してくる公債金の関係です。この構図を把握していただいたところで、今度は公債金の世界をズームアップしていきたいと思います。ついては、ここで一つ確認しておきたいことがあります。まずは次の文章をお読みください。

「日本の財政は、財政法に基づく制度的制約もあって、戦後ほぼ一貫して均衡予算原則を基本的に踏襲してきた。また、公共事業に充てられる建設国債と経常的経費を賄うために発行する赤字国債とは明確に区別されており、後世に公共資本が残らない赤字国債の発行は強く忌避されてきた。『昭和40年不況』の際、税収の落ち込みから戦後初めて赤字国債が発行されたが、41年度以降は回避されてきた」

（『「経済白書」で読む奇跡の50年』、高橋乗宣編著、日本実業出版社、1995年）

これを読んでどう思われますか？　日本の話だと、にわかには信じられない感じですよね。しかしながら、ここが出発点だったのです。政府という外付け装置は、市場から資金を吸引するに当たって、基本的に租税ケーブルしか使わない。あくまでも、租税ケーブルを通じて入ってくるカネの範囲内でしか、カネを使うことはない。つまり、ワニさんの上顎と下顎は基本的にぴったりくっついていて、その口元はきちっと閉じられている。これが大原則だったのです。これが「均衡予算原則」という言葉が意味するところです。

ワニさんの口は閉じられているのが原則。これが戦後日本の財政哲学だったことを確認した上で、引用文はどう話を進めていたでしょうか。再掲すれば次の通りです。

「また、公共事業に充てられる建設国債と経常的経費を賄うために発行する赤字国債とは明確に区別されており、後世に公共資本が残らない赤字国債の発行は強く忌避されてきた。『昭和40年不況』の際、税収の落ち込みから戦後初めて赤字国債が発行されたが、41年度以降は回避されてきた」

ここも重要なところです。いかにワニの口はぴっちり閉じられていることが原則だといっても、完全なる閉口状態を貫いているわけにはいかない場合も想定されます。例えば、大災害が発生した時、あるいは敗戦直後の日本の復興期などをお考えください。このような時には、崩れた橋の架け替えや破壊された道路の再建が必要になります。これらの公共事業に取り組むとなれば、財政支出は通常より急速に増えることになり、ワニさんの上顎がぐっと上に立ち上がることになります。すると、通常のペースで入ってくる税収ではカネが間に合わなくなる。そのような場合に、例外的に発行が認められるのが、引用文中にある建設国債です。これが、ワニさんグラフの公債金棒グラフ上の「4条公債」の部分です。

財政法第4条で、均衡予算原則への例外として建設国債の発行を認めているので、建設国債のまたの名が「4条国債」あるいは「4条公債」と表現されるのです。引用文中にもある通り、復興事業などが行われれば、それに伴って「後世に公共資本が残る」ことになります。それならば、一時的に政府が借金することも一応は正当化出来るだろう。そのような発想に基づいて、建設国債に限って、国の借金を容認するという考え方が確立されたわけです。対照的に、国民のために何も財産を生み出さない借金、つまり赤字国債の発行は「強く忌避されてきた」のです。なかなか筋の通った考え方ですよね。

建設国債と赤字国債の関係を、個人の家計に当てはめて考えてみるのもいいでしょう。例えば、念願のマイホームを建てるために住宅ローンを借りる。これが家計版の建設国債の発行です。この場合、住宅ローンという形の借金は、みんなで住める住居という形で資産を生み出すことになります。そのためなら、とりあえず思い切って借金するのもいいだろう。そのような判断には、それなりの納得性がありますよね。

これに対して、家計版の赤字国債発行は、日々の暮らしを賄うために借金を重ねるケースです。これは怖いですよね。もちろん、この場合の借金は何も資産を生み出しはしません。しかも、一度借金をし始めれば、それを返済するための負担が、さらに家計を圧迫します。下手をすれば、借金を返すために借金を重ねることになりかねません。そうなれば借金の蟻地獄へ転落です。そこから抜け出すことは、実に至難の業です。夜逃げするしかないかもしれません。こんなことになるくらいなら、そもそも借金をしないで済むように、日常生活で出ていくカネを収入の範囲内に止めておくべきですよね。そうもいかない場合はあるでしょう。そもそも、何らかの災難に見舞われて収入を得る機会を奪われてしまえば、致し方ありません。ですが、そのような場合を除けば、生活費に借金を充てるのは避けるが無難です。これが常識ですよね。もっとも、クレジットカードなどがすっかり普及してしまった昨今は、この常識を知らず知らずのうちに破ってしまっているというようなことにもなりかねません。今の世の中、人間の口元も、どうかすると財政ワニさん並みにだらしなくなりがちだといえそうです。怖いことですね。皆さんと筆者は、せいぜい口元をキリリと引き締めて参りましょう。

ところで、さきほどは建設国債の発行が容認される場面として、災害時と戦争後の復興期を挙げました。他に建設国債による資金調達を許してもいいケースがあるでしょうか。例えば、オリンピックはどうでしょうか。オリンピックを開催するために立派な競技場を建設する。関連施設もたくさんつくる。場合によっては、新しく道路も通す。これらの事業を賄うための建設国債の発行を、「後世に公共資本が残る」という観点からすんなりOKしていいものでしょうか。これは、なかなか難しいところですよね。過去において国々が建設してきたオリンピック関連施設は、果たして、どこまで公共資本として後世の人々のために役に立ってきたでしょうか。この辺のことも家計の場合と対比して考えてみるといいでしょう。住宅ローンも、建物が建ちさえすれば、それで正当化されるというものではありません。滅多に使いもしない別荘を建てるために借金をするのは、とても危険な贅沢です。

基礎的収支は黒字が一番？

公債金ズームアップ・コーナーも、ここまで来れば終盤です。締めくくりに、もう一つだ

図11　財政の基礎的収支（プライマリー・バランス）とは？
⇒税収と政策経費のバランスから財政の健全度を示す指標。

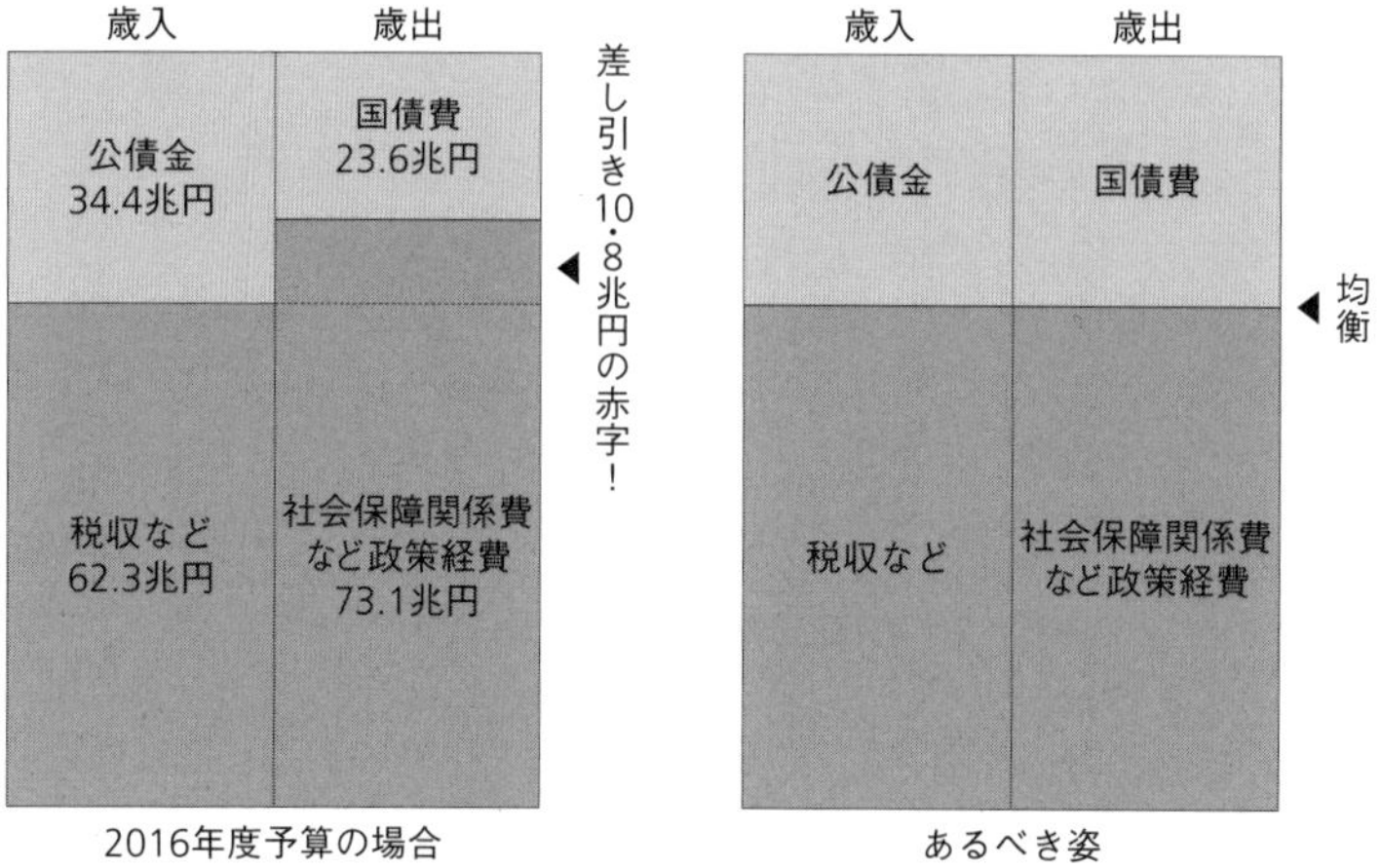

け、注目しておくべき重要な関連概念があります。それが財政の「基礎的収支」です。プライマリー・バランス（primary balance）という英語で表現される場合もよくありますね。次項で考える諸点とも大いに関連しますので、ここで少し整理しておきましょう。

財政の基礎的収支とは、要するに国の借金つまり公債金に関わる部分を除いた収入と支出の差額を意味しています。具体的には、一般会計歳入から公債金分を差し引いた金額と、一般会計歳出から「国債費」を差し引いた金額の差分です。「国債費」は既に発行されている国債に関する元利返済金を指します。我々の財政ケーブルのイメージで考えれば、吸引側から公債金ケーブルを取り外し、注入側から国債費ケーブルを取り外すわけです。この状態で、吸引側が市場から吸い取るカネと、注入側が市場に流し込むカネの差額を見たのが、すなわち財政の基礎的収支だということになります。

ここでまた、我々の家計になぞらえて考えてみましょう。サラリーマン家庭のイメージでいけば、基礎的収支は、月々の給料と月々の生活費の差額です。この差額が黒字なら、ゆとりある生活で貯金も出来る。赤字なら、必死の生活で過去の貯金を吐き出すか、それがなければ借金に頼るしかない。差額ゼロなら、ぎりぎりセーフの生活で貯金は出来ない。基礎的収支が黒字の家計なら、住宅ローンを借りていても大丈夫ですよね。貯金はあまり出来なくなるかもしれませんが、月々の返済はきちんと出来ます。そして、やがてはマイホームという貴重な資産が自分のものになる。基礎的収支が赤字なら、例えマイホーム建設のためといえども、ローンを組むことは論外です。そもそも、日々の生活費にも事欠く人に、銀行はカネを貸してはくれません。基礎的収支が差し引きゼロでも、ローンを組むのはリスクが大きいですよね。生活費を切り詰めれば、月々の返済は何とかなるかもしれませんが、こういう綱渡りは、やはり危険です。銀行も、無貯金家族への融資には間違いなく二の足を踏むでしょう。要するに、カネがないのに借金するのは、なかなか難しいことなのです。

以上が家計版基礎的収支物語です。国の場合も同様のイメージで考えることが出来ます。基礎的収支が黒字なら、ゆとりある財政です。もちろん、公債は一切発行しません。それどころか、集めた税金が余ってしまっている状況です。この余剰金を貯め込んでおけば、何らかの理由で建設国債を発行しても、それに伴う借金を順調に返していくことが出来ますよね。これに対して、基礎的収支が赤字なら、必死の財政です。建設国債を発行して公共事業をやるというような余裕は全くありません。禁断の赤字国債の発行を余儀なくされてしまいます。「後世に資産を残す」ための公共事業どころか、国民に対して、日常的に当然提供しなければならない公共サービスさえ、満足に継続することが出来ないのです。借金をしないとお客さんに契約した通りのサービスを提供出来ないのでは、お話にならないですよね。

というわけで、再び個人の家計と対比しつつ、財政の基礎的収支の意味を考えてみました。いかがでしょう。少し気になる点が発生していませんか？　前の段落の冒頭で、「以上が家計版基礎的収支物語です。国の場合も同様のイメージで考えることが出来ます」と書きました。ここで「ホントにそうか？」という疑問を持たれている方がおいでになれば、ご立派。その疑問こそ重要です。

確かに「同様のイメージ」での整理は可能です。ですが、我々の家計と政府の財政との間には、とても重要な違いがあります。なぜなら、政府の財政は、我々の世界である民間経済に対する外付け装置ですよね。前段の言い方でいえば、我々に公共サービスを提供するサービス事業者です。吸引ケーブルで我々から吸い上げたカネは、注入ケーブルを通じてちゃんと我々のところに還流するようにしてもらわなければいけませんよね。

財政の基礎的収支が黒字だということは、税金を取ることで政府は我々からカネを吸い上げているのに、そのカネを我々のために使い切ることをせず、自分の懐にしまい込んでしまっていることを意味します。これでは、民間経済に奉仕するための外付け装置としての役割を全うしているとは到底いえませんよね。ここが我々の家計と政府の財政との基本的な違いです。ここを見誤らないようにしなければいけません。

財政均衡は至難の道

ただし、財政の基礎的収支にも、黒字でなければならない場面はあります。どんな場面でしょうか。もうお分かりですよね。そうです。それは、借金が溜まっている場合です。経常的な支出を上回る税収があれば、それを既発国債の利払いや償還に充てることで、次第に借金の返済負担を減らしていくことが出来ます。この点については、政府も家計も全く同じです。我々の家計の場合、過去からの借金を背負っていれば、その返済分を捻出するために、日常の生活費を切り詰めて基礎的収支を黒字にしておかなければいけません。そのためには、外食を我慢したり、新しい洋服を買うことを諦めたりしなければなりません。政府の場合も同じです。支出を抑えて基礎的収支の黒字を捻出しないと、いつまで経っても借金の残高を減らせません。

ですが、ここでまた政府と我らの違いをしっかり認識しておかなければいけません。政府が支出を抑えるというのは、我々がおいしいものを食べたり、おしゃれをするのを我慢するのとは話が違います。政府が節約に励むというのは、要するに、彼らが我々に対するサービスの量や質をケチることを意味するわけです。これも、随分ひどい話ですよね。つまり、そもそも、政府は財政の基礎的収支を黒字にしなければならないような状態に自らを追い込んではいけないということなのです。お預かりした税金は、しっかり公共サービスの潤沢で行き届いた提供という形で国民の皆さんにお返しする。不足もなければ、余りも出ない。それが財政の健全な姿なのです。だからこそ、ワニさんのお口は、やっぱり基本的にキリッと閉じていなければいけないわけです。

以上のような財政の位置づけと国債発行や基礎的収支の収支尻が持つ意味合いについて、かつての日本の財政責任者たちはとてもよく分かっていたわけです。だからこそ、冒頭でご紹介したような均衡予算原則を打ち出し、建設国債と赤字国債の違いに関する厳しい節度を保とうとしていたわけです。かつてはこれだけしっかりした考え方が確立されていたのに、なぜ、今のような有様になってしまっているのでしょうか。先の文献から、さらにもう一息引用を続けてみましょう。

「しかし、第一次石油危機後の減速経済の定着によって、財政のバランスは大きく崩れた。税収入は不況とその後の成長屈折の影響を受けて伸び悩みとなる。一方、歳出面では、高度成長期に定着した増分主義的傾向に基づく拡大化傾向を容易に修正することができず、これより、昭和50年度から赤字国債の発行が再開され、その発行額は

「55年度までほぼ一貫して拡大していった」

この辺りが巨大赤字財政への転落の始まりだったわけです。その後の展開はワニさんの図が物語っている通りです。ひとたび、禁断の赤字国債の発行に踏み切ってしまえば、後は歯止めがかからなくなる。その様子がこの図から実によく読み取れますよね。この構図から、日本の財政は果たして脱却することが出来るのか。再び均衡財政状態に戻ることが出来るのでしょうか。その可能性のチェックまで踏み込んでいこうとすると、本書の守備範囲を超えてしまいますし、この本がいくら巨大化しても紙幅が足りません。

もっとも、均衡財政にいたる道は、至難の道だといわざるを得ないでしょう。前出の引用の中にあった歳出の「高度成長期に定着した増分主義的傾向に基づく拡大化傾向」は、今にいたるも一向に修正されていません。「増税なき財政再建」が強く打ち出された１９８０年代を通じても、歳出側、すなわちワニさんの上顎が下に向かってグッと閉じられることはありませんでした。大あくびの度合いが多少控えめになった程度です。

一方で、赤字国債への依存体質にも、いまなお改善の兆候は見られません。それどころか、この面での規律は、むしろさらに緩んでいるといえるでしょう。赤字国債は、本来であれば毎年度ごとに「特例公債法」という法律を国会に上程し、その可決成立を経なければ発行出来ません。ところが、２０１３年度からは、いちいち特例公債法を成立させなくても、当該年度の当初予算が成立するとともに赤字国債を発行出来るようになってしまいました。当初は２０１３年度～２０１５年度の時限立法でしたが、２０１６年度予算の提出に合わせて、この体制を２０２０年度まで続ける改正案も国会上程されて、成立しました。こうして、いまやいちいち国会にお伺いを立てなくても、赤字補塡のために借金が出来るようになってしまっているのです。これでは、どこが「特例」なのか分かりませんね。

こんな具合で、日本政府は顎回りが日増しにだらしなくなる巨大なワニさんの姿をとって、日本の経済的風景画の中に横たわっているのです。このイメージを念頭に置きつつ、今度は歳出側の状況に目を転じていきたいと思います。ワニさんの上顎部分の解剖です。言い換えれば、市場に対する財政の注入ケーブルについて、その構造解析を進めていくということです。

ワニさんワニさん、上顎のお加減いかが？

そこで、２０５ページの図をご覧ください。２０１６年度予算の歳出構成に関する円グラフです。この円グラフが注入ケーブルの内訳を示しているわけです。ご覧の通り、この円グラフの中で構成比が際立って大きいのが、国債費と社会保障費です。この両者で、歳出全体の何と６割近くを占めているのです。

国債費は、過去において発行した国債の元利返済のための支出です。要は借金の返済ですね。政府という名の外付け装置は、注入ケーブルを通じて民間経済にエネルギーを送り込んでいる。このイメージで我々は考えてきたわけです。ところが、実際には注入される資金の4分の1が単なる借金返済だったのです。民間経済側からすれば金利分は儲かるにしても、さして生産的なエネルギーを補給してもらっているとはいえないですよね。随分と歩留《ぶど》まりの悪い注入ケーブルです。この部分を、もっと他の形で民間経済を手助けするためのエネルギー注入に充てることが出来れば、政府という外付け装置への我々の評価も、今よりはもっと上がるというものでしょう。つまり、財政の注入ケーブルが我々のためにもっと効率的に働いてくれるためには、この国債費ケーブルという名の厄介者を、このようにのさばらせていてはいけないわけです。ここにも、財政再建が急がれる大きな理由があります。

　基礎的収支に関するお話の中でも申し上げた通り、財政は国民に対して公共サービスを提供するために存在します。そのサービス提供能力が低下するような事態は避けなければなりません。基礎的収支を黒字にしなければいけないような状況がそのような事態なわけですが、支出構成の中で国債費のウェイトが高まることも、同じ弊害をもたらします。国債費は、財政支出の中に巣食う悪性腫瘍のようなものです。早めの摘出が肝要です。放置すれば、そのおかげで財政支出全体が麻痺《まひ》状態に陥ることとなりかねません。この点を念頭に置きつつ、その他の注入ケーブルの具合を点検していきましょう。

　国債費以外の注入ケーブルの中では、前述の通り社会保障費のケーブルが極太なわけです

図12　政府の注入ケーブル（2016年度一般会計歳出）の内訳　（単位：億円）

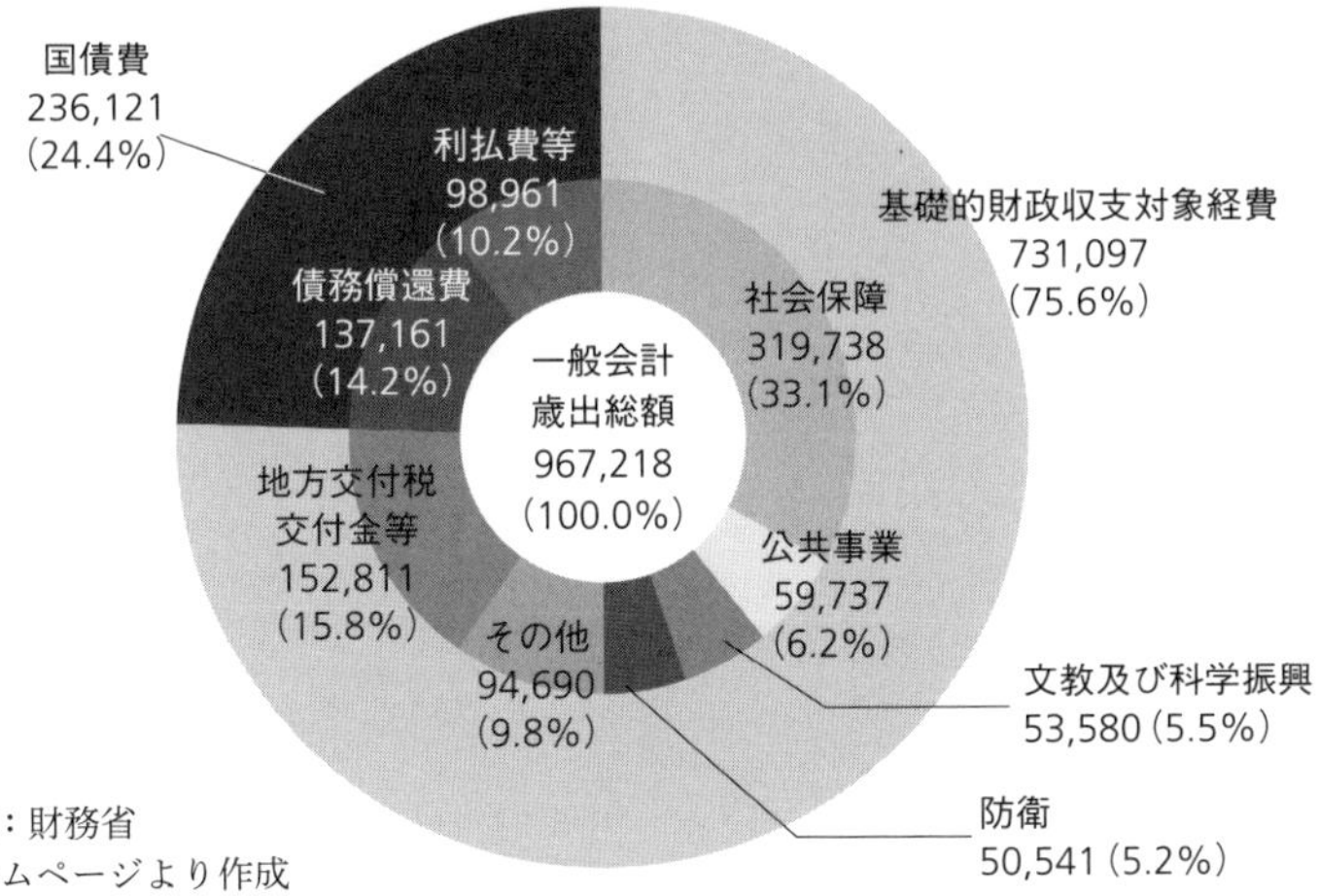

資料：財務省
ホームページより作成

が、そこに焦点を当てる前に、まずは、もう少し外堀から状況を整理していきたいと思います。なぜなら、本集中講義の分析手法は大別して二つでした。一つが外から内へ。そしてもう一つが歴史の視点でしたね。ワニさんの上顎分析についても、同じアプローチでいきたいと思うわけです。まずは全体構図を見る。その上で、詳細観察に入る。こうして外から内へと分け入っていく過程に、歴史探訪の旅を絡める。そのような段取りで、財政ワニさんの上顎について構造的理解を深めて参りましょう。

第11講義

財政②

社会保障費は「敵城の本丸」か？

歳出構造の今と昔

前講義に続けて財政の話を進めましょう。まずは、次の表をご覧ください。

ご覧の通り、ここでは1967年度と2014年度の日本の財政について、その主要経費別歳出状況を比較しています。数値はいずれも決算ベースです。1967年度という起点がやや中途半端で申し訳ありませんが、これが財務省の長期時系列統計で簡単にさかのぼれる最も古い時点でしたので、ご勘弁ください。このおよそ半世紀の間に、日本の財政ワニさんの上顎はどのような構造変化を遂げてきたといえるでしょうか。

まず、何といっても目を引くのが国債費ですね。1967年度の時点では、国債費は歳出総額のわずか2・1%を占めているに過ぎません。前講義の通り、戦後の日本で赤字国債が初めて発行されたのは1965年度のことでしたが、1966年度には継続発行が回避されました。赤字国債の発行が次第に常態化していくのは、これも前講義の通り1975年度以降のこ

表2　歳出構造の今昔比較表　（単位：千円、%）

	1967年度決算		2014年度決算	
	金額	構成比	金額	構成比
社会保障関係費	733,248,489	14.3	30,170,912,345	30.5
文教・科学振興費	640,712,951	12.5	5,865,995,488	5.9
国債費	105,238,476	2.1	22,185,692,730	22.5
地方交付税交付金	973,018,240	19.0	16,977,067,371	17.2
公共事業関係費	1,003,389,664	19.6	7,320,813,431	7.4
以上計	3,455,607,820	67.6	82,520,481,365	83.5
歳出総額	5,113,035,412	100.0	98,813,467,430	100.0

資料：財務省資料より作成。四捨五入のため合計値が合わないことがある。

とでした。したがって、ここで見ている１９６７年度は、まだまだ、均衡財政原則がしっかり守られていた時期だったわけです。そのことが、国債費のウェイトの低さによく表れていますす。日本にも、こんな時代があったわけです。

それに対して、２０１４年度の国債費比率は22・５％です。国債費は、財政支出の中に巣食う悪性腫瘍だと申し上げましたね。これに比べれば、１９６０年代半ば段階での国債費は、ちょこっと顔を出したポリープ程度のものでした。だからこそ、すぐさま摘出することも出来たわけです。隔世の感がありますね。

次に目立つのが、やはり社会保障関係費です。１９６７年度決算の段階では、この項目の構成比は14・３％でした。それが、２０１４年度決算では歳出総額の３割を占めるにいたっている。この変化も大変なものですよね。さて、ここで少し考えていただきたいと思います。この変化をどう読むべきでしょうか。日本の社会保障関係費については、しばしば「これこそ財政再建の本丸だ」という言い方が出てきます。皆さんも、新聞の見出しなどでこの表現を目にされたことがおありかと思います。この言い方が示唆しているのは、どういうことでしょうか。それは、要するに財政再建について成果を上げるには社会保障関係費の削減が不可避だ、ということですよね。その観点から、「聖域なき社会保障制度改革」が課題だというようなこともいわれます。

確かに、その通りです。何しろ、社会保障関係費は主要経費の中でいまや最大の項目であり、しかも、その構成比は歳出総額の3割にも達しているのです。ここを何とかしなければ、ワニさんの口に締まりが出てくるはずはない。その意味で、日本の社会保障制度は確かに改変を必要としています。

ただ、社会保障制度について「本丸」という言葉を使う時、それをただ単に財政再建との関わりで考えていいのでしょうか。本丸に切り込むことで不健全財政のお城を攻め落とす。このニュアンスで、「社会保障本丸論」が展開されることに、皆さん、少し違和感を覚えませんか？　これではまるで、社会保障関係費も国債費と同じように、財政ワニさんの上顎を蝕《むしば》む悪性腫瘍であるようなイメージですよね。それで本当にいいのでしょうか。

物事には順序というものがあります。１９６７年度の時点で財政支出の15％弱を占めるに止まっていた社会保障関係費が、いまや全体の3割を占める最大経費となっている。このことは、そもそも日本の行財政サービス全体の中で、社会保障制度がまさしく「本丸」としての位置づけを占めるにいたっていることを示しているわけです。財政再建との関わりもさりながら、まずはこの点を認識し、評価しておくべきところでしょう。

社会保障制度が財政による注入ケーブルの中で中軸的位置づけを持っているということは、それだけ福祉大国としての日本の姿が拡充されてきたことを意味します。これは、喜ばしいことでこそあれ、そのこと自体に目くじらを立てるのは筋違いでしょう。社会保障関係費を財政赤字という名の「敵城」の本丸だと決めつける前に、まずは政府という名の、民間経済に対する外付け装置の貴重な本丸として、社会保障を大切に思う気構えが必要です。日本の公的サービスの中で、社会保障の本丸化がここまで進んできたことについて、まずは「良かった」という感慨を嚙み締めることが重要なのだと思います。その上で、財政肥大化を食い止めるための改良・改善点に目を向ける。これがまっとうな発想であり、手順なのだと考えるところです。

この点との関わりで、もう一つ見逃せないのが公共事業関係費の位置づけの変化です。１９６７年度の段階では、この項目が全体の19・6％を占めていました。ところが、２０１４年度には、この割合が7・4％まで低下しています。１９６０年代半ばの日本経済は、まだまだ政府による建設事業に支えられる部分が大きい経済だった。だが、いまやその側面は随分と小さくなっている。そういうことですよね。それに代わって、社会福祉面での公共サービスの存在感が圧倒的に大きくなっているわけです。それだけ日本の経済的風景が変わってきているということです。

第8講義で、一国の租税体系は、その国の経済的発展度や成熟度を反映して変化するのだと申し上げましたよね。ある国の租税体系を見れば、その国の経済がどんな経済なのか、その国の経済的風景がどんなものなのかが分かる、ということをご一緒に考えました。一国の財政支出についても、実は同じことがいえるわけです。駆け出し段階の若い経済は、公共事業による牽引と後押しを必要とします。橋を架け、道路を通し、建物を建て、施設を整備する。政府によるこのような事業が、経済活動の重要な原動力となり、足掛かりとなる。これが、駆け出し経済の特徴です。

しかしながら、そうしたスタート・ダッシュの段階を過ぎると、そのような土木工事型のサポートは次第に必要なくなっていく。それに代わって求められるようになるのが、人々の生活や健康に関わる公的サービス、つまり社会保障です。日本経済がまだ駆け出し経済だった頃、財政の本丸は公共事業だった。しかしながら、日本経済の成熟度が高まり、大人の経済に育ちあがった今、その財政の本丸には、社会保障が位置づけられている。これはいたって納得のいく展開です。こうでなければいけません。何はともあれ、この点を確認しておきましょう。その上で、社会保障の中身を見ていくことといたしましょう。

社会保障費の今と昔

表3　社会保障関係費の今昔比較表　（単位：千円、％）

	1967年度決算		2014年度決算	
	金額	構成比	金額	構成比
社会保険費	340,923,585	46.5		
年金医療介護保険給付費			22,505,078,321	74.8
生活保護費	145,166,687	19.8	2,800,101,773	9.3
社会福祉費	63,109,218	8.6	4,311,081,468	14.3
保健衛生対策費	111,612,313	15.2	406,594,992	1.3
失業対策費	72,436,684	9.9		
雇用労災対策費			148,055,789	0.5
社会保障関係費計	733,248,489	100.0	30,170,912,345	100.0

資料：財務省資料より作成。四捨五入のため合計値が合わないことがある。

社会保障関係費についても、前表と同じ方式で１９６７年度決算と２０１４年度決算の数値を見比べていきます。

ご覧の通り、２０１４年度決算については「社会保険費」と「失業対策費」の欄に数値が記入されていません。その代わり、「年金医療介護保険給付費」と「雇用労災対策費」の欄に数値が入っていますね。これは、２００９年度から統計の整理の仕方が変更されたからです。「年金医療介護保険給付費」が概ね従前の「社会保険費」に対応し、「雇用労災対策費」が「失業対策費」に対応しているとお考えください。これらの項目を含めて、社会保障関係費の構成項目が意味するところをまず押さえておきたいと思います。その上で数字の検討に進みます。

「社会保障関係費」というくらいですから、これらの経費は、いずれも国の社会保障制度に基づいて支出されるものです。詳しくは後述しますが、社会保障制度は、大別すると社会保険、社会福祉、公的扶助、保健医療および公衆衛生の4分野から成り立っています。社会保険のうち、年金・医療・介護に関わる部分がいわば狭義の社会保険で、雇用と労災に関わる部分が労働保険です。一般会計に計上される社会保険関係の支出は、いずれも、これら五つの保険分野に関する支払いの内、国庫が負担する部分です。2014年度決算ベースの内訳でいえば、「年金医療介護保険給付費」が狭義の社会保険に対応し、「雇用労災対策費」の中に労働保険に対応する支出が含まれる。そのようにイメージしていただければ結構です。

ところで、かつては単に「社会保険費」という名称だったものが、今は「年金医療介護保険給付費」という非常に具体的な呼び名に変わっているところが少し気になりませんか。上述の狭義の社会保険を、より具体的な形で表現するようになっているわけです。なぜ、このような名称変更が行われたのでしょう。社会保険制度の中身をより分かりやすく表示するため？　はたまた、年金・医療・介護という高齢者関連の福祉分野にどれだけ財政がカネをかけているかを強調し、それこそ、ここが財政再建に挑む際の本丸だということを印象づけたいのでしょうか。色々、考えてしまいますね。

ちなみに、財政再建との関わりで「社会保障と税の一体改革」の政策方針が打ち出されてきたことはご存じの通りです。その中では、消費税率の引き上げに伴う増収分を、基本的に「社会保障4経費」に充当することになっています。ここでいう社会保障4経費の中の三つが、実は上記の年金・医療・介護です。これらを高齢者3経費といい、これに子育て（少子化対策）を加えて、社会保障4経費となります。つまり、これらの経費を何とか捻出し続けるためには、どうしても消費増税が必要なのだという論法なわけです。そういうことであれば、国の会計上も、「社会保険費」という中身の見えない表現を「年金・医療・介護」に変更して、「高齢者3経費」を前面に出す形にしたのも、うなずけるところです。思えば、「一体改革」に向けての体制整備が具体的に動き出したのが2014年度からです。それに先立って、2009年度から「高齢者3経費」を浮かび上がらせるための統計改変が行われたとすれば、なかなか用意周到ですね。これは、あくまでも筆者の勘繰りです。ただ、ことほどさように、一見無味乾燥で、いたって中立的に見える統計資料の中にも、場合によっては各種の思惑や政策意図が投影されている場合があります。そんなところにも、経済の謎解きに挑む我々は目配りしていかなければいけません。

勘繰り編が長くなりました。他の支出項目についても、意味内容を確認しておきましょう。社会福祉費は、社会保障制度上の社会福祉機能に対応した支出です。福祉という名の公的サービスの対象となるのは、障害者・高齢者・児童あるいは母子家庭の構成員など、何らかの理由で生活上の支援を必要とする人々です。生活保護費は社会保障制度上の公的扶助に対応しています。生活困窮者のための公的支援です。保健衛生対策費は保健医療・公衆衛生サービスに関わる支出です。

以上の構造をご理解いただいたところで、改めて数字に戻りましょう。

１９６７年度と２０１４年度を比較すると何がいえるでしょうか。まず、何といっても目立つのが、社会保険費すなわち年金医療介護保険給付費の比重の高まりですよね。１９６７年度の段階でも、社会保障関係費全体の４割強に達していますから、既に突出した存在感を示していたわけです。しかしながら、いまや何と全体の７割強を占めるにいたっているのです。圧巻というほかはありません。

社会福祉費も、年金医療介護保険給付費とは桁違いながら、２０１４年度決算ベースで社会保障関係費全体の14％強を占めており、「高齢者３経費」に次いで大きな社会保障構成項目のポジションにつけています。１９６７年度に比べても、かなり存在感が高まっていますね。その一方で、大きく位置づけが後退しているのが、生活保護費・保健衛生対策費・雇用労災対策費（＝失業対策費）の３項目です。特に保健衛生対策費と雇用労災対策費のポジション変化が大きいですね。前者は、１９６７年度の15・２％から２０１４年度の１・３％へと、ウェイトが激落しています。雇用労災対策費も、１９６７年度の９・９％に比べて、２０１４年度の構成比はわずか０・５％です。生活保護費も比重低下が顕著ですね。１９６７年度には社会保障関係費全体の２割を占めていましたが、２０１４年度には９％強に後退しています。

いかがですか？　やはり１９６０年代半ばの時期と今日との間には、相当に顕著な構造変化が見られますよね。前述の通り、歳出構造全体の推移を見れば、そこには公共事業主導型の若い経済から福祉サービス中心型の成熟経済への移行の足跡が表れていました。こうして社会保障関係費に焦点を絞ってみても同様に、未熟から成熟への段階移行の跡が見られるわけです。社会保つまり、１９６７年度の日本においては、保健衛生や失業対策あるいは生活保護など、いわば、ごく基礎的で基盤的な公共サービスが社会保障の中核部分を占めていた。それに対して、21世紀に入って10年余りが経過した２０１４年度ともなれば、そうした基礎的サービスの提供に代わって、保険制度に基づく年金や医療の仕組み、そして、それに対する財政的な貢献が社会保障の中心的役割になってきている。まさに、戦後日本の歴史的歩みを反映した変遷だといえるでしょう。

さて、財政ワニさんの上顎、すなわち財政の注入ケーブルに関する構造分析はおよそ以上の通りです。イメージをつかんでいただけたでしょうか。とかく、財政再建との関係で話題となりがちな財政支出の構造ですが、そこには、実は日本経済の長年にわたる成熟過程が反映されている。ここでは、この点をしっかりつかんでいただければ幸いです。

財政再建は確かに差し迫った重要課題です。財政ケーブルが我々のために有効に働いてくれるためにも、その健全性回復が欠かせません。これは間違いないことです。ただ、だからといって、前述の通り、ひたすら社会保障関係費を親の敵《かたき》のように敵対視するのは筋違いです。今日の歳出構造の中に、日本経済のどのような今日的姿が反映されているのか。そこをしっかり踏まえた上でなければ、本当に筋が通り、血が通った財政再建論議にはならないのだと思うところです。

この点との関わりでいえば、日本の財政構造に関しては、国債費と社会保障関係費以外の部分でも、構造解析を要する部分は多々あると思われます。その中には、前述の「増分主義」によって、いまなお連綿と増え続けている経費もあるでしょう。そうした部分も含めて、徹底検討が進められることを期待したいところです。

社会保障制度の早送り歴史探訪

本講義を締めくくるに当たって、日本の社会保障制度の歩みにも、ごくざっくりながら、目を向けておきたいと思います。それ自体として一冊の書籍の対象となるべきテーマです。それを超駆け足で早送りしてしまうのは、大変気が引けることです。この点についてお詫び申し上げつつ、ここでは、日本の財政の中に占める社会保障関係費の位置づけ変化が、どのような制度的変遷を背景にしたものなのか、という観点からのざっくりとしたパノラマに止めさせていただきたい次第です。正攻法でいくとすれば、この辺りで、そもそも社会保障という言葉を厳密に定義すればどういうことになるのか、社会保障と社会福祉はどう違うのか等々、原点的なところにも踏み込んでいくべきところです。ただ、そこに分け入っていくと、それこそ、一冊どころか何冊もの本の紙幅を要することになってしまいます。筆者の守備範囲を超えた世界にどんどん立ち入ってしまうことにもなります。そこで、関心を深められた皆さんには、どうか、多くの専門家によるしっかりした研究成果を参照していただきたく思います。

第9講義で見た通り、戦後日本の租税制度は、シャウプ勧告がその出発点となっていました。戦後の社会保障制度については、どうでしょうか。ちなみに、社会保障という言葉自体が本格的に使われ始めたのは、1935年にアメリカで「連邦社会保障法」が制定された時からだといわれています。それに対して、日本におけるこの用語のデビュー現場は日本国憲法です。憲法第25条第2項に次のように書かれているのです。

「国は、すべての生活部面について、社会福祉、社会保障及び公衆衛生の向上及び増進に努めなければならない」

憲法にこのように謳《うた》われたことを起点として、社会保障の概念が日本でも根を下ろしていくことになったということです。その意味で、日本の社会保障制度は戦後史とともに緒に就いたということが出来るわけです。

戦後日本の社会保障体制は、憲法にその基盤を置いている。この点については、ここでしっかり着眼しておくべきだと思います。ご承知の通り、憲法第25条の第1項はいわゆる生存権に関する規定です。具体的には、「すべて国民は、健康で文化的な最低限度の生活を営む権利を有する」と宣言しています。そして、国民の権利としての生存権が確立され続けるために、国が担う責務が第2項で明記されているわけです。人間らしくまともな生活を営むことは国民の権利であり、その権利が保全されるための仕組みである「社会福祉・社会保障・公衆衛生」に関して、国は常にその「向上及び増進」に努め続ける義務がある。このように日本国憲法が定めているのです。

つまり、社会保障や社会福祉のサービス水準が低下することは、憲法上、許されないわけです。あくなき向上と増進。それが、責務として日本の社会保障制度に求められているのです。社会保障に関する財政負担問題を議論するに際しても、ここは常に前提とならなければいけないはずです。財政負担の膨張は、確かに大問題です。何とかしなければいけません。しかしながら、そのために安易な福祉切り捨てなどに向かうことは、憲法が容認しない。財政健全化論議の中でも、この視点が失われることがあってはならないはずです。

日本国憲法とともに出発した戦後日本の社会保障制度は、その後、どのような経緯をたどって今日にいたっているのでしょうか。これも駆け足方式とならざるを得ませんが、概観しておきましょう。

まず、戦後間もない時期は、何はともあれ、国民の生活基盤の立て直しが急がれました。焼け跡状態の中で、まさに国民の「健康で文化的な最低限度の生活」を営む権利、すなわち生存権を確立すること自体が差し迫った課題となっていた時期です。栄養状態の改善や伝染病の予防、生活援護など、基礎的な生存基盤の形成が社会保障制度の焦点となっていました。

この局面が一巡して1950年代も後半に入ると、社会保険制度の確立が課題となりました。日本では、1938年に国民健康保険、そして1942年に労働者年金保険が導入されていましたが、戦後の社会保険制度が本格的に動き出したのは1950年代末から1960年代初頭にかけてのことです。1958年に国民健康保険法が全面改定され、翌年、国民年金法が制定されました。こうした法制度の整備を通じて、全国民に医療保険と公的年金制度を適用する仕組みが出来上がっていきました。こうして、日本は「国民皆保険・皆年金」時代に入っていったのです。

1973年には、老人医療の無料化、公的年金の給付水準の大幅引き上げと物価スライド制の導入などが実施されて、次第に福祉国家としての日本の経済社会風景が整う状況となりました。当時の田中角栄内閣は、胸を張って「福祉元年」宣言をしました。ご記憶が蘇られる読者もおいでになるでしょう。2000年には介護保険制度が導入されました。こうして諸制度が整っていく一方、1990年代に入る辺りから少子高齢化と低成長問題が浮上し始めることになったのです。

以上が戦後日本の社会保障史に関する超早送り的整理です。超早送りついでに、この際ですから、世界的に見た社会保障制度の歩みについても、ざっと見ておきましょう。本書の趣旨からいって、世界史に学ぶ視点が全く抜け落ちるようではいけません。

「救貧」から「権利」への長い道のり

社会保障という用語あるいは概念が本格的に定着するようになったのは、世界的に見ても20世紀に入ってからのことです。もっとも、国家が国民の生活や健康に関して一定の役割を果たすという考え方そのものについては、そのルーツを16〜17世紀のイギリスに見出すことが出来ます。いわゆる救貧思想がそれです。国家が人々を貧困から救うということです。この発想に基づいて、16世紀半ばに初めて「救貧法」が制定されることになりました。英語でいえば「Poor Law」です。直訳すれば「貧乏法」ですね。この仕組みの下で、今でいえばホームレスやワーキング・プア、あるいは貧困世帯の人々のための収容施設が設置されたり、炊き出し活動が組織されたりするようになっていきました。

このようにいえば、近代初期のイギリスに社会福祉制度が芽生えた、という言い方が出来そうです。確かに、そのように考えてもいいでしょう。ただ、この段階での公的な救貧活動は、あくまでも施し的観点から行われていました。かわいそうな恵まれない民のために、国家あるいは支配階級が慈悲のお恵みを施す。そのような感覚で展開されていた活動です。さらにいえば、そうした施しも、どこまでが純粋な慈愛や哀れみに基づくものだったかについては、それなりに疑問です。むろん、救貧の現場では、貧窮する人々のために心から胸を痛め、嘆く人々が多数を占めていたでしょう。権力の中枢にも、そのような心がけを持つ為政者たちがいたとは思います。しかしながら、当時の社会体制から考えれば、救貧思想の軸になっていたのは、基本的に権力基盤の維持という命題だったといわざるを得ないでしょう。

巷《ちまた》に貧乏人が溢れている。生活に窮した彼らが犯罪者と化していく。あるいは悪い病気の媒介者となる。場合によっては、やけのやんぱちで貴族や国王をやっつけることを目論むかもしれない。そんなことになっては大変だ。そのような事態を阻止するためには、カネや手間暇をかけるのは業腹だが、ここは救貧に乗り出して、巷から不穏な分子を一掃するのが得策だ。同時に、王家の慈悲深さを臣民に披露して、点数を稼ぐことが出来れば願ったりかなったり。この辺りが、当時における救貧思想の核心部分だったと考えて大過なかろうと思います。

同様のことが、近代的な社会保険制度の生みの親として位置づけられているオットー・フォン・ビスマルクの考え方についてもいえると思います。ビスマルクは、帝国ドイツの「鉄血宰相」として勇名を馳せました。ところが、それと同時に世界初の社会保険制度を考案した人でもあるのです。この二面性も、突き詰めていけば、結局のところは権力者の打算とご都合主義の産物だといえるでしょう。せっかくの社会保険制度の父にケチをつけるつもりはありません。ビスマルクさんがこの仕組みを思いついてくれて良かったと思います。しかしながら、その動機にそれなりの不純さがあったことは、やはり認識しておく必要があると思います。何といっても鉄血宰相ですから、国家統治の基盤強化がその最大の関心事だったことは間違いありません。労働者たちの生活苦が深まり、不満が高まり、それが彼らの革命的団結につながるのはまずい。そのような事態を避けるには、国民の健康と生活に一定の保障を与える仕組みが有効だ。この発想が社会保険制度の導入につながった。それが当時の実態だったのです。

イギリスの救貧思想にせよ、ビスマルクの社会保険制度にせよ、そこにあるのは、国家権力を維持するためには、国民に対して一定の恩恵を施しておくことが得策だという考え方です。いわば、統治の安泰を図るための打算の産物です。ここが、今日の社会保障制度との大きな違いです。今日的な社会保障制度の下において、人々は公的な支援や扶助を受ける権利を持っています。社会保障は、国からのお恵みでも施しでもありません。国家という名のサービス事業者は、国民という名のお客様に対して社会保障という財を提供する義務を負っているのです。

実際に、1948年に国連が採択した世界人権宣言は、その22条で次のように謳っています。

「すべて人は、社会の一員として、社会保障を受ける権利を有し、かつ、国家的努力及び国際的協力により、また、各国の組織及び資源に応じて、自己の尊厳と自己の人格の自由な発展とに欠くことのできない経済的、社会的及び文化的権利を実現する権利を有する」

これに先立って、1942年にはイギリスでいわゆるベバレッジ報告が公表されました。当時の戦時連立内閣から委託を受けて、経済学者のウィリアム・ベバレッジが取りまとめた戦後経済の再建プランです。1943年3月には、この報告書の内容を受けて、時のウィンストン・チャーチル首相が、「ゆりかごから墓場まで、すべての階層の人々のすべての要請に応えるための強制加入国民保険制度」の導入を打ち出しました。こうして、「ゆりかごから墓場まで」がイギリス社会保障制度の代名詞として産声を上げることとなったのです。ただ、皮肉なもので、チャーチル首相率いる保守党は戦後初の総選挙に敗北してしまい、実際の「ゆりかごから墓場まで」体制は、クレメント・アトレー労働党政権の下で構築されていくことになりました。

戦時下の英雄も、平和時の社会保障体制を担う主人公にはなれなかったというわけですが、それはともかく、「ゆりかごから墓場まで」、すべての人々のすべての要請に応えるべく国家が保険制度を用意するというのは、かつての救貧思想とは明らかに発想が違います。国民にとっては権利であり、国家にとっては義務である社会保障制度の確立に向けて、ベバレッジ報告が一つの大きな踏み台となったことは間違いありません。

国民の権利であり、国家の義務である社会保障制度は、いまや、日本の経済的風景の中にも、すっかり定着しています。そうであって当然です。大人の経済の風景画はこうでなくてはなりません。

戦後間もない時期の日本には、焼け跡経済の風景が広がっていました。焼け野原の経済風景の中では、ブルドーザーや大型トラックやクレーンが主役となって当然です。おぞましき戦時体制下の経済風景には、悲しいかな戦車や兵器や軍靴《ぐんか》がつきものです。しかしながら、今の日本経済は焼け跡経済でもなければ戦時経済でもありません。今の日本の経済風景には、完備された社会保障体制がとてもよく似合います。この視点を失って、社会保障をひたすら財政ワニさんの「上顎過剰そりかえり症候群」の病因としてしか見ないようになってしまったのでは、経済的風景画の鑑定士としては失格です。

国民の権利としての社会保障は、これからもずっと日本の経済風景を豊かに彩っていかなければいけません。これを不動の前提としつつ、財政負担軽減のための知恵を探求する。それが求められる姿勢だと思うところです。

第12講義

金融政策①

移り変わる金融政策の常識

もう一つの外付け装置

第8~第11講義では、経済的風景画の中における政府の位置づけを考えました。財政政策を通じて、一国の政府という外付け装置が民間経済にどのように関わっているか。その関わり方の諸側面に注目したのでした。

実をいうと、一国の民間経済に関与する外付け装置はもう一つあります。この外付け装置の名が中央銀行です。そして、中央銀行が行うのが金融政策です。経済的風景画に、中央銀行を登場させないわけにはいきません。なぜなら、政府による財政政策だけが出しゃばっているようでは、経済的風景画の背景がしっかり整いません。あの名画、ミレーの「晩鐘」は、夕べの祈りをささげる農民夫婦が主役です。しかしながら、彼らに表情を与えているのは、背景です。背景の色調や、空と小麦畑のバランスなどが少しでも狂っていれば、あの絵は我々にあのメッセージを語りかけてはくれないでしょう。経済的風景画も、財政政策と金融政策の協調と牽制がもたらす絶妙な背景なくしては、主役たちを生かすことが出来ません。

もっとも、実際には、中央銀行が政府にすっかり抑え付けられてしまい、金融政策が自律性を失ってしまう場合もあります。残念ながら、さしあたり今の日本がまさにこの状況に陥っているといわざるを得ないのですが、ここでいきなりこの話に突っ込んでいくのは、本書の役割からして時期尚早です。しっかり順序を踏んで、金融政策とその担い手である中央銀行を経済的風景画の中に描き込んでいきましょう。

描き込みの手順は、次のように4段階方式でいきたいと思います。まずは第一ステップとして、そもそも、中央銀行が外付け装置としてどのように機能するものなのかを概観します。その上で、第二ステップでは日本に焦点を当てます。ここで、日本の金融政策の現状を整理し、どのような経緯をたどってここまで来たのかを検討します。第三ステップでは、中央銀行という存在をテーマにします。中央銀行とは何なのか。何のためにあるのか。これらのことについて、世界と歴史の視野から見ていきます。そして、最後の第四ステップでは、金融政策と財政政策の関係について考えます。この二つが、どのような相互力学の中で経済的風景画の背景を彩っていくのか。この点の整理をもって金融政策についての講義を締めくくる。このような段取りで進んでいこうと考えています。首尾よくいきますよう、どうか、ご協力を！

金融政策の出入力ケーブル

さて、そこで第一ステップです。外付け装置としての中央銀行は、民間経済に対してどのような形で働きかけるのでしょうか。実は、ここで少々悩むところです。なぜなら、金融政策が民間経済に働きかける仕組みは、歴史とともに変化してきています。しかも、変化の仕方や変化のタイミングが国によって異なるという問題があります。歴史を重視するという本書の趣旨からすれば、その辺りもしっかり見ていきたいところです。しかしながら、ここでそれを始めると話が錯綜してしまってわけが分からなくなってしまいます。そこで、この第一ステップでは、もっぱら現時点で一般的な仕組みがどうなっているかをご説明しておきます。歴史的変遷の側面に関しては、第二ステップで日本に目を向けたところで取り上げていきたいと思います。

前の講義までで、財政は吸引ケーブルと注入ケーブルを通じて市場すなわち民間経済に働きかけるのだと申し上げましたね。金融政策についても、基本的には同じことです。中央銀行も、一国の政府と同じように吸引ケーブルを通じて市場からカネを吸い上げ、注入ケーブルを通じて市場にカネを流し込んでいるのです。ただ、ここから先が財政の場合とは違ってきます。

図13 中央銀行も政府と並ぶ市場の「外付け装置」

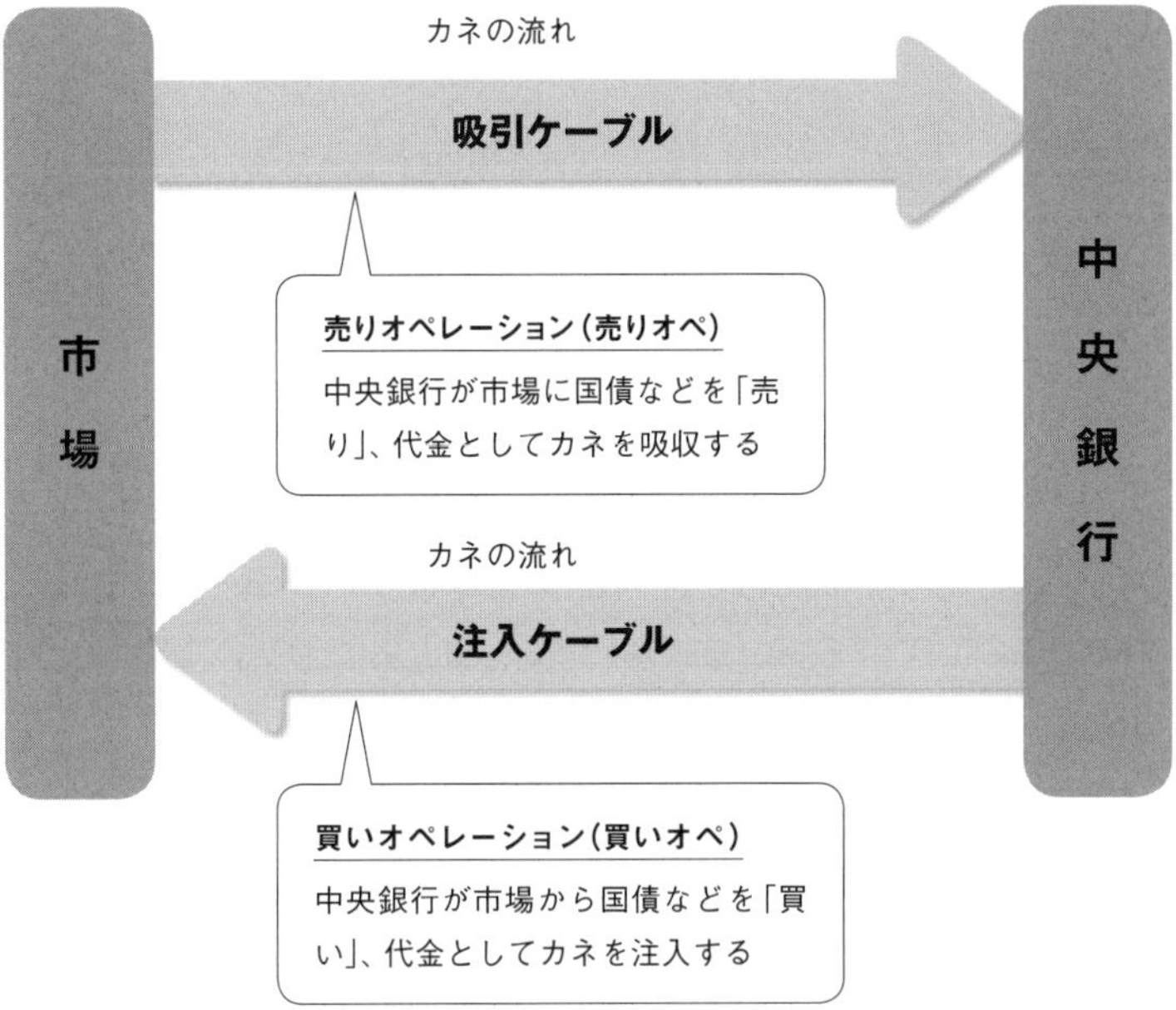

財政の場合には、吸引ケーブルを通じて吸い上げるのが税金+公債金で、注入ケーブルからは様々な財政支出という形で資金が市場に供給されるのでしたね。つまり、吸引ケーブルを通じて入るカネと注入ケーブルを通じて出ていくカネの性格が異なっているわけです。ところが、金融政策の場合には、二つのケーブルを通じて出入りするカネの性格に基本的に違いがありません。

吸引・注入両ケーブルを通じて、中央銀行が市場と資金をやり取りする行為を「公開市場操作」（オープン・マーケット・オペレーション）と呼びます。吸引ケーブルを通じて中央銀行が市場からカネを吸い上げるのが「売りオペレーション」、略して「売りオペ」です。なぜ「売りオペ」というかといえば、「売りオペ」に際しては、中央銀行が民間金融機関に対して国債などの有価証券を売り渡すからです。売った代金を、民間金融機関から中央銀行が頂戴する。その分、市場からカネが中央銀行の手元に吸い上げられるわけです。つまり、中央銀行が市場から資金を吸収したい場合に「売りオペ」を行うということです。

「買いオペ」については、この逆の流れになります。注入ケーブルを通じて市場にカネを流し込みたい場合、中央銀行は民間金融機関に対して「買いオペ」を行います。つまり、彼らから国債等を買い取り、その代金を彼らに支払うのです。その分、中央銀行の手元から市場にカネが注入されることになります。

中央銀行は、日々、こうした売買オペを実施することによって、市場に出回るカネの量を調節しています。「売りオペ」による中央銀行の資金吸収が、「買いオペ」による市場への資金注入を上回っていれば、中央銀行は金融を引き締めようとしていることになります。つまり、市場に出回っているカネの量が多過ぎるので、余分なカネを吸い上げようとしているわけです。逆に、「買いオペ」による資金注入が「売りオペ」による資金吸収を上回っているのであれば、中央銀行は金融を緩和しようとしています。市場に出回るカネの量を増やそうとしているわけです。

ところで、中央銀行がこのような公開市場操作を通じて金融を引き締めたり緩和したりする場合、彼らは何を目標に売りオペや買いオペの規模やタイミングを決めるのでしょうか。

例えば金融を引き締めたい場合、何がどうなれば、自分たちの狙い通りの引き締め効果が出たと判断するのでしょうか。このような判断基準のことを金融政策の「操作対象」あるいは「操作目標」といいます。政策としての狙いそのものは金融を引き締めたり緩和したりすることですが、その狙いを達成するための「的」となるのが操作目標です。例えば「金持ちになるぞ！」と決意するのが狙いを定めることなら、どれだけ儲ければ自分が金持ちになったとみなすのかを決めるのが、操作目標の設定です。金融政策も金持ち大作戦も、決意だけでは道半ば。的がなければいけません。

この的として、現在、世界の主要な中央銀行が「通貨供給量」を採用しています。通貨供給量にも色々な定義の仕方がありますが、その辺の七面倒臭いことはさておくとして、要するに、このやり方は、中央銀行が注入ケーブルを通じて市場に流し込むカネの量そのものを直接的な操作目標にするという方式です。現在、日本、アメリカ、イギリスの各中央銀行、そしてユーロ圏の中央銀行であるＥＣＢ（欧州中央銀行）が通貨供給量を操作目標とする金融政策を展開しています。

ただ、ここで留意しておかなければいけないことが一つあります。それは、現状において、これらいずれの中央銀行も、この通貨供給量目標方式をもっぱら金融緩和のために採用しているということです。そのため、このやり方を「量的緩和」と呼びます。今後、もしも、これらの中央銀行が金融を引き締める局面が訪れたとして、その場合にも通貨供給量目標方式が踏襲されるかどうかは分かりません。それは、その時の金融環境いかんによります。引き締め局面で通貨供給量目標方式が採用されれば、それは「量的引き締め」になるわけですね。ちなみに、過去においてこの「量的引き締め」を導入したのが、アメリカの中央銀行であるＦＲＢ（連邦準備制度理事会）で、それは１９７０年代末から１９８０年代初頭にかけてのことでした。当時、「量的引き締め」などという言葉は使われていませんでしたので、これは筆者の勝手なネーミングですが、今の「量的緩和」という言い方に準じるのであれば、こういう名づけ方もおかしくはないでしょう。

いずれにせよ、今日では量的緩和がすっかり当たり前のようになってしまっているのが現状です。しかしながら、実をいえば、これはかなり変則的な目標設定の仕方です。ですから、現に今でも量的緩和は、あくまでも「非伝統的な金融政策」と位置づけられています。各国の中央銀行やメディアなどが量的緩和を説明する時には、必ず、どこかにこの「非伝統的金融政策」という文言が出てきます。

量的緩和が非伝統的だというのであれば、金融政策の伝統的な操作目標は何なのでしょうか。それは「金利」です。ある特定の金利水準を操作目標に設定する。これが伝統的金融政策のやり方です。実をいえば、筆者は、伝統的というより正統的という言葉を使った方がいいと思います。

それはそれとして、金利目標方式の下で中央銀行が金融を緩和したければ、彼らは金利を特定の水準まで引き下げることを目標とします。そして、市場の金利が実際にそこまで下がっていくように、買いオペを通じて資金を市場に注入していきます。買いオペによって市場に資金が注入されれば、それだけ市場に出回っているおカネの量が増えるわけですから、おカネの値段である金利は、世の中で全般的に下がることになります。金利が下がれば、おカネが借りやすくなる。したがって、人々が住宅ローンを組んでマイホームを建てる。企業は銀行から融資を受けて設備投資に踏み切る。こうして金利低下が経済活動の活発化につながり、デフレ状態が解消される。そして、物価がどんどん下がるような状況からの脱却が達成される。こうなれば、中央銀行の金融緩和は狙い通りの成果を上げたことになります。金融引き締めの場合には、この逆の流れで政策意図が達成されることを目指すわけです。

かつて金融政策の操作目標といえば、当然、それは金利だと誰もが考えていました。ところが、いまやそうとは限らなくなってきているということです。さらにいえば、金利目標そのものについても、「マイナス金利」という不思議な概念が次第に市民権を得るような今日この頃となっています。なぜそんなことになっているのか。この点の解明を含めて、第二ステップの日本編に進むことといたしましょう。

金融政策が時代を超えて出会う時

ここで、本書の歴史逆走方式という基本に忠実に従うとすれば、まずは、今の日本の金融政策がどうなっているのかを見るところから始めなければなりません。ただ、この方式をあまり律儀に踏襲すると、こと金融政策に関する限り、どうも少し話がこんがらかってしまいそうに思われます。そこで、ここでは変則的時代逆走方式というか、時代同時進行方式というか、そんなやり方を採用させていただきたいと思います。

というわけで、我々の前に5人の方々に登場してもらうことといたしましょう。彼らはいずれも20代の若者だとお考えください。ただし、彼らは生きている時代が違います。それぞれ、1960年代人、1980年代人、1990年代人、2000年代人、2010年代人です。5人と異なる時代の若者たちが一堂に会したイメージです。だから、時代同時進行方式です。

も、世の中のことについてそれなりに関心があり、そこそこ勉強もしているということにしておきましょう。

さてそこで、この5人のそれぞれに対して次々とマイクを向けて「金融政策って何ですか？」と質問したら、彼らは何と答えるでしょうか。答えは、きっと次のようになるはずです。

- 1960年代さん：それは公定歩合操作によって金利体系を政策の狙いに対応するよう変更することである。
- 1980年代さん：それは公定歩合操作や公開市場操作によって市中金利を政策の狙いに対応する方向に誘導することである。
- 1990年代さん：それは公開市場操作によって市中金利を政策の狙いに対応する方向に誘導することである。
- 2000年代さん：それはゼロ金利政策や量的緩和政策を指す。公開市場操作によって、市中金利をゼロ近傍に誘導するのがゼロ金利政策だ。公開市場操作によって、政策が定めた一定の資金量を市中に供給するのが量的緩和だ。
- 2010年代さん：それは基本的に量的緩和である。ただし、2013年からは量的・質的金融緩和というネーミングになった。さらに2016年からは、「マイナス金利付き量的・

質的金融緩和」になっている。

この5人の皆さん、恐らく、お互いに何をいっているのか意味が理解出来ないでしょうね。1960年代さんに対しては、1980年代さんを除く他の時代人たちから「公定歩合って何？」という質問が殺到しそうです。ひょっとすると「こうていぶあいってどういう漢字を書くの？」という質問も飛び出すかもしれません。「金利体系って何者？」という質問も、1960年代さんには浴びせかけられそうです。ちなみに、2006年以降、公定歩合の名称は「基準割引率および基準貸付利率」に改められています。

一方、1960年代さんからは、「ゼロ金利って何？　そんなのあり得ないでしょ」とか、「量的緩和って一体どういうこと？」とか、「マイナス金利って、まさか金利がマイナスになっていうこと？　どこの宇宙の話？」などというパニック質問の数々が飛び出す可能性濃厚です。これらの疑問は、1980年代さんや1990年代さんが抱いても不思議はありません。

このままの状態で彼らを放置しておいたのでは、らちが明きませんよね。お互いに「？」の表情で見つめ合うばかりです。ここは、司会者が議論を上手く展開させなければいけません。名司会者としては、どうしましょうか。オーソドックスなやり方は、やっぱり、各時代人にそれぞれの回答について補足説明を加えていただくことでしょう。その方式で進行していきたいと思います。

1960年代人の証言

1960年代さんによる金融政策の定義の中では、公定歩合が主役になっていました。公定歩合とは、要するに公定された歩合です。ざっくり言い換えれば、公的に定められた金利というイメージでお考えいただいて結構です。内容的には、中央銀行が民間金融機関に資金を貸し出す際の基準金利を意味します。公定歩合主役時代の日銀は、金融を引き締めたければ、公定歩合の引き上げを宣言しました。すると、何が起こったかといえば、預貯金金利をはじめ、ほぼすべての長短金利が一気に機械的・玉突き的に上がることになったのです。これが、1960年代さんの回答の中にあった「金利体系を政策の狙いに対応するよう変更する」という言い方の意味するところです。

今なら、なかなかこう整然とはいきません。預貯金金利にせよ、債券の利回りにせよ、その水準や行方は市場の資金需給に振り回されます。だからこそ、中央銀行の金融政策も公開市場操作を通じて資金需給に働きかける方式を取らなければいけないわけです。ところが、かつての日本は状況が違っていました。多くの金利が政府による規制の下に置かれていました。法的規制をかけられていない諸金利についても、行政指導や業界内の自主規制が強い影響を及ぼしていました。個別金融機関が、勝手に金利を決められるような環境とは、およそほど遠い世の中だったのです。「公定歩合を明日から0・5％引き上げるぞよ」と天のお達しが下れば、それに連動して金利体系が全体として整然と上方スライドする。そういう時代だったのです。

今でも、長短金利が一定の体系を形成していることに変わりはありません。この体系の中のどこにどの金利が収まるかは、金融商品の信頼性とそれを反映した貸し倒れリスクの度合いによって決まります。いかにも怪しげで、貸し倒れの危険が大きそうな金融商品には、おのずと高い金利がつく。これに対して、安全確実な商品につく金利は低い。基本的には、長期金利が短期金利を上回る。これらの理屈は今も昔も変わりません。ただ、かつての日本では、この金利体系が市場の実勢に対応しておのずと決まるのではなく、前述の通り規制や慣行によって定められていたわけです。当時は、この人為的金利体系の一番低いところに公定歩合が陣取っていました。ですから、公定歩合が引き上げられれば、それに対応して、他の諸金利も相互間の金利差をほぼ維持したまま整然と上方移動することになりました。公定歩合が引き下げられれば、同様に諸金利が仲良く下方移動したのです。

日銀が神様だった頃

こんな具合で、半世紀以上前ともなれば、日本の金融の世界も随分と秩序だった姿を呈していたのです。なぜ、そうだったのか。そうであり得たのか。他の時代人の皆さんにマイクを渡していく前に、少しこの辺を整理しておきましょう。そうすることで、今日的金融環境と金融政策の性格についても、よりクッキリした風景感を持っていただくことが出来ると思うのです。

１９６０年代といえば、高度成長期です。復興期から発展期に向かう日本経済は、成長資金に飢えていました。企業は設備増強や経営基盤整備のために、借りても借りても資金が足りませんでした。隔世の感がありますね。いまや、日本企業が抱え込んでいる内部留保の巨大さが、世界的に話題を呼ぶような状況です。こんなこと、高度成長期にタイムスリップして、あの時の企業戦士たちに教えてあげたらどんなに驚くことでしょう。もっとも、ひょっとすると、あの当時の慢性的資金不足の組織的記憶が刷り込まれているからこそ、今日の企業たちも内部留保にどうしてもしがみついてしまうのかもしれませんね。

それはともかく、当時の金融政策には、発展期の日本経済に成長資金を潤沢かつ円滑に供給するという重要な役割が託されていました。ただし、それだけではありません。一方で、資金需要の強さに対応して信用が過大に膨張し、インフレが昂進《こうしん》したり、金融機関や企業の経営が不安定化することは避けなければなりませんでした。成長資金の供給と信用秩序の保全。この二つの課題を上手くお手玉することが、当時の日本銀行に課せられた重要任務だったのです。

日銀がこのお手玉を首尾よくやってのけるための道具として、要の役割を果したのが、実は公定歩合だったのです。その仕組みは次のようなものでした。

まず、当時の日銀は、公定歩合を思い切って低く設定するようにしていました。前述の通り、公定歩合は日銀が金融機関に資金を貸し出す時の金利ですから、これが低ければ、おのずと金融機関の貸し出し金利も低水準に落ち着くことになります。しかも、当時は「臨時金利調整法」によって預貯金金利の上限が法的に定められていました。この面からも、金融機関の資金調達コストが低く抑え込まれる仕組みになっていたわけです。こうして、企業の旺盛な資金需要に対して、金融機関がなるべく低利で応じられるような環境を整えたわけです。これで、お手玉その一、つまり成長資金の安定供給という課題に応えることが出来ました。

お手玉その二が信用秩序の維持でした。これについても、実は低い公定歩合が威力を発揮したのです。このカラクリを謎解きするためには、まず、そもそも公定歩合というものがどのような性格の金利なのかを確認しておく必要があります。少々紙幅を割くことになりますが、お付き合いください。

公定歩合が日本銀行の対民間金融機関貸し付け金利だということは、既に繰り返し申し上げている通りです。問題は、その水準をどう設定するかです。本来であれば、公定歩合はむやみに低く設定する筋合いのものではないのです。それというのも、民間金融機関には、何も中央銀行からの公定歩合貸しに頼らなくても、お互いに資金を融通し合う市場があるからです。

金融機関にも、様々な資金繰りニーズがあります。預貯金の払い戻しに備えて準備金を用意しておくことが必要ですし、急に大口の送金案件が発生するかもしれません。逆に、思いのほか手元資金に余裕が生じる場合もあるでしょう。このような資金の過不足を金融機関がお互いに調整し合うのが銀行間市場で、その代表的なものが、いわゆる「コール市場」です。コールは英語のcallです。〝On call〟といえば、「呼ばれればすぐ応じられるように待機する」ことを意味します。〝Call in〟といえば、「呼び戻す」です。〝Call in a loan〟といえば、「融資を回収する」ことを意味します。要は、貸すも借りるも「呼ばれるまま、即時対応する」というのが、「コール市場」の特徴です。

このような迅速融通市場がある以上、資金需要はそこで賄うのが基本です。本来、中央銀行による公定歩合貸しというのは、何らかの事情でコール市場では仲間から資金を融通してもらえないような金融機関のために用意された救済手段です。中央銀行が、別名「最後の貸し手」と呼ばれるのは、このような救世主的金融機能を持っているからです。他のどこからもカネを工面出来なくなった金融機関が、最後に中央銀行の門を叩く。その時に、中央銀行が行う救済融資の金利が公定歩合です。つまり、元来、公定歩合には、コール市場から資金を調達出来ない金融機関に対する懲罰金利的な意味があるわけです。ですから、公定歩合はコール市場での金利、すなわちコールレートよりも高く設定されるのが本来の姿です。

ところが、公定歩合がコールレートよりも低いということになれば、金融機関は敢えてコール市場に頼らず、みんな中央銀行から資金を融通してもらおうとするでしょう。本来なら、中央銀行の窓口に頭を下げてカネを借りに出向くのは、とても体裁の悪いことであるはずです。

他の誰からも借金が出来ないことの証ですから、そういうことになりますよね。ですが、誰もがみんな、いっせいに中央銀行の窓口に並ぶようになれば、何も恥ずかしいことはありません。単に、一番低い金利で資金を調達しようとしているだけですから、いたって合理的な行動です。みんなで並べば怖くない。

このみんなで並べば怖くない状態を、１９６０年代さんの時代には日本銀行が自ら作り出していたのです。つまり、公定歩合を敢えてコールレートすなわち民間市場の短期金利よりも低いところに設定することで、資金需要を公定歩合貸しの方に誘導していたのです。本来なら、滅多に並んではいけないはずの日銀の窓口に向かって、民間金融機関を低金利でおびき寄せていたということです。なぜ、こんなことをしたのでしょうか。

ここで、ようやくお手玉その二の信用秩序の維持というテーマに立ち戻ることが出来ます。前述の通り、当時の日本経済の資金需要は旺盛だった。その旺盛な資金需要に民間金融機関がどんどん見境なく応じていくということになると、成長支援という意味では結構な話でも、一方で過大な信用膨張を招く恐れが出てくる。無茶な融資に走って、結局のところ資金繰りに行き詰まる金融機関も出現するかもしれない。そのような形で信用秩序が揺らぐことを防ぐ必要がある。そこで、金融機関の資金ニーズを日銀の窓口に引き寄せた上で交通整理し、膨張過多になるのを制御する。これが、当時の日銀の方針だったのです。つまり、低金利でおびき寄せた金融機関の資金需要に、集まってきたところで量的な規制をかけるというわけです。何やら、「飛んで火に入る夏の虫」の感がありますね。

飛び込んできた夏の虫たちの動きを制御するために、当時の日銀はよく効く薬をたくさん用意していました。具体的には、貸出限度額規制・貸出増加額規制・資金繰り指導などです。貸出限度額規制は、民間金融機関に対して、原則として一定の限度額を超える日銀借り入れを認めないという制度です。貸出増加額規制は、民間金融機関に対して日銀が企業への貸し出しの増やし方を指導するというやり方です。これを別名、窓口指導といいました。法的拘束力があったわけではありませんが、低利の公定歩合貸しの恩恵に浴したい金融機関にとって、窓口指導は大いに重みのある「神の声」だったのです。資金繰り指導は、民間金融機関の収支状況を日銀がチェックして、場合によっては日銀借り入れを減らすよう「道徳的説得」を行うという手法でした。資金が欲しいなら、日銀の窓口にどうぞ。低利でご融資いたします。ただし、ついてはどれくらい借りて、どれくらい貸すかについては、日銀の指導にお従いください。こういうわけでした。一種の配給制度ですね。

ここまで来れば、既に皆さんはお気づきだと思いますが、日銀がこのような芸当をやり遂げるためには、一つの大きな前提条件がありました。ご明察の通り、それは、要するに世の中が圧倒的な資金不足状態にあったということです。そうであればこそ、低率公定歩合と量的規制というやり方で、日銀が金融市場全体の成り行きを管理・制御することが出来たわけです。ところが、時代が下り、金融環境が激変していく中で、資金配給機関としての日銀の神通力も、次第に低下していくこととなりました。もはや、神ではない。しかしながら、だからこそ、通貨の番人としての本領発揮に注力しなければならない。そのような新たな課題が、時の流れとともに日銀に突きつけられていくことになったのです。

その成り行きを追跡するために、次の証言者の皆さんにご登壇いただきましょう。

1980年代人と1990年代人の証言

1960年代さんにとっては、金利は規制されているのが当たり前でした。ところが、1970年代末から1980年代に足を踏み込む時期になってくると、次第に金利の自由化が進むことになりました。その背景についても、本来なら皆さんと物語を共有したいところです。ですが、それでは本書が本当にエンドレス本になってしまうので、残念ながら、それはまたの機会のこととさせていただきたいと思います。超ざっくりいえば、この時期に日本で金利の自由化が始まり、やがては金融全般の自由化に発展したのは、いわゆる「二つのコクサイ」問題の圧力がかかってきたからです。二つのコクサイとは、国債と国際です。国債の大量発行時代への突入と金融国際化の進展。この二つが、長らく規制下に置かれていた日本の金融市場に、自由化の洗礼をもたらしたのでした。

金利体系が規制から解き放たれるとなれば、公定歩合操作にも従来のような効果はなくなってきます。ただ、日本の金利自由化はなかなか慎重というか、おっかなびっくりのペースでしか進みませんでした。普通預金などのいわゆる流動性預金にいたるまで、すべての規制金利が完全に自由化されたのは、１９９４年のことです。ですから、１９８０年代さんは、従来の公定歩合操作と公開市場操作が同時進行する状況の中で生きていたのです。

１９８２年8月に日銀による政府短期証券（Financial Bill　FB）の売りオペが開始されました。そして、１９８４年には、市場からの既発長期国債の小口買いオペも始まりました。こうして、日銀による「信用割当型金融政策」から、「市場型金融政策」への移行が進むことになったのです。

ここで、１９８０年代さんの話を感慨深げに聞いていた１９９０年代さんが、「あ！」と声を上げます。実は、彼は「市場型金融政策」への完全移行の瞬間を目撃していたのです。時は１９９５年9月、日銀は、まず公定歩合を０・５％という当時としては超低利の水準に引き下げました。バブル崩壊後の日本経済を蘇生することが狙いでした。それと同時に、日銀による窓口融資で金融調節を行うやり方を完全に止めて、金融調節の手段を公開市場操作に一本化したのです。そのことは、とりもなおさず、公定歩合をコールレートより低い水準に設定するというやり方も止めることを意味していました。こうして、日本の公定歩合は、この時をもって初めてその本来の役割に徹することになりました。

もうお分かりですよね。その役割とは、コール市場から締め出された民間金融機関への懲罰金利として機能することです。最後の貸し手である日銀は、資金繰り難に陥った金融機関に対して出来る限り救い船を出す。ただし、高い船賃を取る。この仕組みが、1995年9月をもって整ったのでした。そして、1990年代さんが認識している通り、金融政策とは、「公開市場操作によって市中金利を政策の狙いに対応する方向に誘導することである」という時代が本格的に幕開けしたのです。

2000年代人と2010年代人の証言

ここまでの証言者たちが語ってくれた物語は、2000年代さんと2010年代さんにとって、相当に衝撃の連続だったでしょう。ご覧いただいた通り、金融を巡る制度と行政は、この間にとても大きな変貌を遂げてきました。1960年代の金融的常識と、今の我々の金融的常識がいかに違うか。それを2000年代さんと2010年代さん、そして皆さんに実感していただければと思います。過去との違いの中に今の真理を読む。これも本書のアプローチの一つでしたよね。その観点から、皆さんも、是非21世紀組の二人と感慨を共有してください。

さて、21世紀組の二人の登場とともに、我々はゼロ金利と量的緩和の世界に踏み込みます。金融政策とは、すなわち金融を緩和することを意味する。そして、金融緩和の手段はゼロ金利か量的緩和である。これが、21世紀組の金融政策観です。そして、この世界観に最近は「マイナス金利」という新たな要素が加わることになりました。

この間の経緯を、21世紀コンビにサクサクと概観してもらいましょう。出発点は1998年9月です。つまり、新たな世界への旅は、実をいえば1990年代末に始まっていたのです。1990年代さんも、ここでまた改めて感慨を深めていることでしょう。1998年9月、日銀は公開市場操作によるコールレートの誘導目標を0・25％に設定しました。そして、1999年2月には、誘導目標をさらに0・15％まで引き下げました。それと同時に、当時の速水《はやみ》優《まさる》日銀総裁が、金利目標は「できるだけ低め」がいいと表明し、ゼロ金利もありだという政策姿勢を明確にしたのです。この時をもって、ゼロ金利政策という言葉が世にお目見えすることになったのです。これが世界初のゼロ金利政策でした。それを受けてzero interest rate policyという英語も生まれました。その頭文字を取って、〝ZIRP〟（ザープ）という言い方もグローバル金融市場で結構流行ったものです。

この世界初のゼロ金利政策は、さしあたり2000年8月をもって解除されました。グローバルなITバブルの舞い上がりで、日本経済も調子づいた格好になったからです。この時点で、コールレートの誘導目標は0・25％に引き上げられました。ところが、それも束の間、翌2001年に入るとITバブルはあえなく崩壊し、日本経済もマイナス成長に転落するという展開になりました。そこで、2001年2月にはゼロ金利政策が再導入されました。コールレートはまたしても0・15％前後というところまで引き下げられました。併せて、公定歩合も

0・25％に引き下げられました。

ちなみに、この公定歩合の引き下げには、「懲罰金利」の水準をぐっと引き下げることで、市場レートを確実に誘導目標に接近させる狙いがありました。このやり方を「ロンバード型貸出制度（補完貸付制度）」といいます。その仕組みの詳細をここで説明し出すと、またまた、ページ数無限大化の恐れが発生しますので、それは省略させていただきます。ネットなどで情報を補っていただければと思いますが、ここでご注目いただきたいのは、1960年代において市場金利の下限値となっていた公定歩合が、この制度の導入によって市場金利の天井を決める役割を果たすことになったということです。ロンバード型貸出制度の導入は、ゼロ金利政策を徹底させるための秘策あるいは苦肉の策として、日銀が絞り出した知恵だったといえるでしょう。

量的緩和政策の登場

ところが、こうした新手法導入の効果を検証する間もなく、翌月の2001年3月には、ついに量的緩和の世界に踏み込むことになりました。2001年3月19日、日銀政策委員会金融政策決定会合で、「⑴金融市場調節方式を変更して、日本銀行当座預金残高を主たる操作目標とする、⑵そうした方式を消費者物価指数の前年比上昇率が安定的にゼロ％以上となるまで続けることをコミットする」という基本方針が合意されたのです。

なぜ、量的緩和に切り替えたのか。答えは簡単です。金利の誘導目標をさらに引き下げる余地がなくなってきたからです。金利は、操作目標も市場実勢も限りなくゼロに近づいてきた。その意味では、ゼロ金利政策はそれなりに目標を達成しつつあったといえるわけです。しかしながら、これはあくまでも操作目標の設定値に首尾よく大接近出来たという意味での目標達成です。いくら操作目標が達成されても、その結果として金融政策がそもそもの狙いとしている意図が実現しなければ意味がありません。これが、本講義の冒頭の方でご一緒に確認した点です。「金持ちになるぞ！」という最終的な狙いと「いくら儲けるか」という「的」との違いの問題ですね。当面の目標として設定していた儲けの規模を実現したとしても、その間にインフレが猛烈に進んでしまっていれば、結果的にあまり金持ちではない状況のままだったりすることもあるわけです。

金融政策もこれと同じで、いくら「ゼロ金利」という誘導目標を達成しても、そのことによって金融緩和効果が世の中に浸透し、デフレ状態からの脱却という本質的な狙いに近づけないのでは、意味がありません。実際に金融緩和効果が出てくるよう、新たな手を打たなければなりません。新たな操作目標を設定する必要が生じてくるわけです。

さて、ここで日銀は悩んだわけです。新たな操作目標を設定するといっても、金利は既に事実上ゼロの水準に到達してしまっている。ゼロになっているものを、さらに引き下げるわけにはいかない。もっとも、ここで一気にマイナス金利政策に踏み込む選択もあったわけです。筆者も仲間うちでそんな議論をした記憶が蘇ってきます。ひょっとすると、今になってマイナス金利を導入するくらいなら、あの時点でそっちに動いていた方が正解だったかもしれません。それはそれとして、当時の政策判断はその方向には向かわなかったのです。既に事実上ゼロに張り付いてしまった金利は、操作性を失ってしまった。かくなる上は、資金供給量を直接的な標的にするしかない。当時の日銀はそのように判断したのです。こうして、世界初のゼロ金利政策から世界初の量的緩和の世界に踏み込むこととなりました。

この量的緩和政策は2006年3月をもってひとまず解除され、この時点で再びゼロ金利政策の世界に立ち戻りました。その後、2006年7月と2007年2月にはコールレートの操作目標が0・25％ずつ引き上げられて0・5％になりました。2007年2月にはロンバード型貸し出しの基準金利すなわち公定歩合も0・75％に引き上げられて、日本の金融政策はゼロ金利の世界とも別れを告げる状況にたどり着いたのです。

ところが、その後にリーマンショックが押し寄せてきたもので、2008年10月にはゼロ金利政策が再導入されることになりました。さらに、2010年10月には、コールレートの誘導目標をさらに引き下げた上で、日銀が新たに「資産買い入れ等の基金」という特別な会計を設定して国債、CP（コマーシャル・ペーパー）、社債、指数連動型上場投資信託（ETF）、不動産投資信託（J‐REIT）など多様な金融資産の買い入れを実施する方針を打ち出しました。

そして、政権交代後の2013年4月からは、再び金融調節の操作目標を金融機関の日銀当座預金残高に切り替え、日銀による資産の買い入れ規模をさらに大幅に拡大する方向に踏み出しました。買い入れ資産の内容を変更して、長期国債をより多く買い入れる方針も打ち出されました。これで「量的・質的金融緩和」の世界に入ったわけです。そして、2016年1月から、この世界にさらにマイナス金利という要因が加わったのでした。

この金融環境が日本経済に対してどのような影響を及ぼしているか。そこにどのような問題があるのか。こうした金融環境下の日本の経済的風景画が、今、どのような様相を呈しているのか。これらの重要なポイントについても考えておかなければいけません。これらの諸点については、本書のまとめの位置づけにある第14講義で改めて取り扱うのが適当だと思います。

そこで、日本の金融政策に関する5人の歴史の証人たちとは、ここでひとまずお別れしたいと思います。5人衆のご協力に深謝申し上げましょう。その上で、我々は旅の第三ステップ、すなわち、中央銀行とはそもそもいかなるものかという点の探訪に向かって進んでいくこととといたしましょう。

第13講義

金融政策②

中央銀行は「政府の銀行」にあらず

内でも外でも通貨の番人

中央銀行を集英社の辞書で引けば、次のように記載されています。

「銀行券の発行・金融政策の実施などを行う、一国の金融機構の中枢機関。わが国では日本銀行を指す」

（『集英社 国語辞典 第3版』、２０１２年）

簡潔でいい説明です。勘所を押さえています。ただ、少し簡潔過ぎるので、広辞苑も見てみましょう。

「一国の金融界において中枢的地位を占める銀行。銀行券の発行、『銀行の銀行』として行う通貨の供給、金融の調整、『政府の銀行』として政府を相手として行う預金・貸付、ならびに国庫金受払事務の代行等を主要業務とする。日本銀行・イングランド銀行の類」

（『広辞苑 第六版』、岩波書店、２００８年）

これも、きちんとした解説です。ほどよい詳しさを追求しつつ冗長を回避している。お見事です。ただ、大いに敬意を表した上で、少し引っ掛かる点もあります。具体的には二点です。その一が、この解説から抜け落ちている点。その二が、この解説の中で用いられている言葉遣いの一つです。

その一からいきましょう。中央銀行の最大の責務は、通貨価値の番人として機能することです。通貨の番人として機能するというのは、すなわち、自国通貨の価値が過大にも過小にも評価されず、その購買力が実力に見合った評価の下で安定的に推移する状態を、責任を持って保持するということです。日本銀行であれば、円がその責任対象通貨です。イギリスの中央銀行であるイングランド銀行は、イギリス・ポンドについて、通貨価値保全の義務を負っています。中央銀行というものを語るに当たっては、何はともあれ、まずは、この通貨価値の番人としての位置づけを押さえておくことが必要です。

ただ、広辞苑の中でこの点に言及していないのも、致し方ない面はあると思います。「通貨価値を守る」という言い方は、それ自体がかなり説明を要します。さらには、「通貨価値」の尺度をどう定めるかという問題もあります。一般的には、「通貨価値の安定＝物価安定」という風に解釈される場合が多いのが実情です。日本銀行法の中でも、その第2条で、「日本銀行は、通貨及び金融の調節を行うに当たっては、物価の安定を図ることを通じて国民経済の健全な発展に資することをもって、その理念とする」と謳っています。ただ、物価動向は、通貨価値の内向きの表現です。通貨価値にはもう一つ、その対外的な側面があります。それを示すのが為替レートです。その意味で、元来、中央銀行が通貨価値の番人として、その責務を全うするには、自国通貨の為替レートすなわちその対外的価値についても、しっかり見張り番をする必要があります。少なくとも、筆者はそう思います。

しかしながら、実際には、多くの国々において為替動向は財務省の管掌事項になっています。ユーロ圏の中央銀行であるECBは、この点を巡ってユーロ圏の財務相たちとしょっちゅうケンカしています。ユーロ圏の場合には、その加盟国が19カ国もあります。これら19カ国の財務相会議が「ユーロ・グループ」と呼ばれる集まりです。ユーロの動向に関する政治判断は、一応、この「ユーロ・グループ」が担うことになっています。しかしながら、船頭が19人もいて、しかも、それぞれ異なるお国の事情を抱えているとなれば、そうそう、上手く話がまとまるわけがありません。ECBの立場からしてみれば、そのような集団的無責任体制にユーロの価値を委ねるわけにはいかないという思いがあるわけです。

そもそも、物価すなわち通貨の対内的価値が中央銀行の管掌事項なのに、その対外的価値すなわち為替レートは財務省マターだというのはなぜなのでしょうか。これも、追求していけば切りのない論争の中に紛れ込んでいくテーマです。したがって、あまり深く立ち入るわけにはいきませんが、端的にいえば、それは通貨の対外的な価値が国々の国力や国策と密接に関わる要因だからです。この辺りは、通貨に関する講義でも、ご一緒に考えましたよね。国々は、自国通貨の対外的価値に国の威信を重ね写しにする。しかしながら、場合によっては、自国通貨の価値を意図的に下げることで、自国経済を勢いづけようとする。ことほどさように、何かにつけて、通貨の対外的価値は権力と政治の関心事となるのです。だから、国々の政府は通貨の対外的価値の尺度を自分の管轄下に置いておきたい。そういうことになるわけです。

というわけで、通貨価値の番人としての中央銀行の位置づけを語り出すと、あっという間にこれだけの紙幅を費やすことになってしまいます。広辞苑がここに踏み込むことを避けたのも、理解出来るところですよね。しかしながら、我々は、経済的風景画の深掘り鑑定力を身に付けようとしているのですから、僭越ながら、広辞苑超えを目指さなければいけません。

中央銀行の「御用銀行」化はご法度

広辞苑的解説の問題点その二に進みましょう。言葉の使い方の問題でした。広辞苑解説の中では中央銀行の主要業務の一環として、『「政府の銀行」として政府を相手として行う預金・貸付、ならびに国庫金受払事務の代行等」を挙げていました。ここに登場する「政府の銀行」という言い方が筆者には少々引っ掛かるのです。確かに、中央銀行は一定の条件の下で政府に対する貸し付けなどを行います。しかしながら、それは、あくまでも極めて厳格に規定された枠内のことです。例えば、日本銀行法には次のように記載されています。

「第三十四条　日本銀行は、我が国の中央銀行として、前条第一項に規定する業務のほか、国との間で次に掲げる業務を行うことができる。
一　財政法（昭和二十二年法律第三十四号）第五条ただし書の規定による国会の議決を経た金額の範囲内において担保を徴求することなく行う貸付け」

ここでいう「財政法第五条ただし書の規定」とは次の項です。

「第五条　すべて、公債の発行については、日本銀行にこれを引き受けさせ、又、借入金の借入については、日本銀行からこれを借り入れてはならない。但し、特別の事由がある場合において、国会の議決を経た金額の範囲内では、この限りでない」

つまり、日本銀行が日本国政府におカネを貸してあげることは、国債を引き受ける形にせよ、貸し付けという形にせよ、原則禁止事項となっているわけです。その上で、どうしても「特別の事由」が発生した場合に限り、しかも国会の議決を経て認められた範囲では対応する。そういうことになっているのです。要するに、日本銀行が「政府の銀行」として機能することは、原則として禁止されているのです。

広辞苑の言い方は、業務解説として決して間違いではありません。しかしながら、中央銀行がその本務である通貨価値の番人としてしっかり働くためには、まさに「政府の銀行」にならないことが大原則です。例えば、一国の政府が何が何でも自国の経済規模を1年で倍増させようと決意したとします。こんなとんでもない目標を達成するためには、すさまじい規模で公共事業を展開しなければならないでしょう。そのためには、きっと建設国債の大量発行が必要となるに違いありません。それを民間に全部吸収させるのは無理である。したがって、売れ残りそうな分は、全て中央銀行が引き受けるように。こんなことを政府が押し通してしまえるようでは、中央銀行は通貨価値の番人どころではありません。

政府が大量に発行する国債を買い取るということは、結局のところ、通貨の増発につながります。中央銀行の手元に余剰資金がよほど溜まっていれば別ですが、1年間で所得倍増を達成するための資金需要が、そのような余りガネで吸収出来る範囲に止まるわけはありません。そのような資金需要に応じて通貨供給量をどんどん増やしていけば、通貨の価値は当然ながらどんどん下がります。公共事業バブルでインフレが昂進し、物価は急騰し、それだけ、自国通貨の購買力はさらに一段と低下する。通貨価値がどんどん毀損《きそん》されていく悪循環に陥ることになります。

こんなことを中央銀行が唯々諾々《いいだくだく》と容認しているような国なら、その国の通貨の対外的な価値、すなわち為替レートも急低下することになるでしょう。中央銀行が、その価値保全に責任を持とうとしない。そのような通貨は、危なっかしくて誰も手元に置いておきたくありません。為替市場で買い手がつかなくなった通貨の対外価値は、当然ながら奈落の底に落ちていきます。

1年間で所得倍増も怖いですが、国が戦費調達に乗り出すようなケースは最悪ですね。戦時国債を中央銀行が引き受ける。そんなことになってしまえば、その国の通貨の価値は、事実上、消滅です。通貨の価値を誰がどう決めるのかということについては、本書の前半でもかなり立ち入ってご一緒に考えました。中央銀行が戦時国債を引き受けるような事態となった時、それでもなお、その国の通貨が通貨として機能し続けるためには、その国の人々が、挙げて集団的自己催眠状態に陥る他はありません。これは通貨だ。購買力がある。これでモノが買える。王様は裸じゃない。そういう風に、みんなで思い込むしかありません。

中央銀行が政府のための御用銀行になってしまうと、このような悪夢的世界に踏み込むことになります。したがって、中央銀行が中央銀行であり続けるためには、決して「政府の銀行」

と化してはいけないのです。中央銀行が通貨の番人であるということと、中央銀行が政府の銀行ではないということは、切っても切れない表裏一体関係にある。そのことを、我々は片時も忘れてはいけないと思います。この観点から見た時、今日の日本の経済風景には、大いなる変調が生じているといわなければなりません。この点については前述の通り、最後の講義で立ち戻りたいと思います。広辞苑さん、ごめんなさい。辞書としての広辞苑の権威にケチをつけるつもりは、決してございません。全幅の信頼を置いております。ご苦労のほどもよく分かります。どうぞ、お気になさらず。……少し気にしていただければ嬉しいかな。

イングランド銀行は成り行き型で

中央銀行の定義と機能を押さえたところで、今度はまた歴史探訪に出かけたいと思います。中央銀行史をたどるとなれば、何といっても、イングランド銀行に焦点を当てる他はありません。まずは、そこから始めます。イングランド銀行物語に踏み込むと、とても奇妙な発見をしていただくことになります。ご期待ください。その次に、我らが日本銀行についても、その創立経緯を概観します。日英比較からも、中央銀行業の何たるかについて、イメージを膨らませていただければ幸いです。

イングランド銀行は１６９４年に設立されました。世界最古の中央銀行ではありません。その栄えあるポジションを占めているのは、1668年に開業したスウェーデン国立銀行(Sveriges Riksbank　通称リクスバンク)です。リクスバンクの歴史もなかなか面白いですが、中央銀行業というものの形成史を考える上では、やはり、グローバル金融発祥の地であるロンドン金融街、またの名を「ザ・シティ」に君臨したイングランド銀行に注目しておくべきでしょう。

イングランド銀行は、当時の王室の要請によって設立されました。時の国王オレンジ公ウィリアム3世が、フランスとの戦争のためにカネを必要としていました。その戦費調達要請に応じて、「ザ・シティ」を舞台に活躍する商人たちがイングランド銀行をつくったのです。お国のために一肌脱ごうというわけで、有力商人たちが急遽寄り合って、王室御用達銀行の創設に奔走したのです。こうして出来上がったイングランド銀行ですから、もとより、政府に対する直接融資もやりました。国債の引き受けとその売りさばきも差配したのです。

ここで、皆さん、さぞや「えぇっ?」と思われていることでしょう。前項で、さんざん、中央銀行は断じて政府の銀行であってはダメなのだと力説しましたよね。それなのに、世界有数の歴史的中央銀行が、そもそも政府御用達銀行として誕生したなんて、どういうこと? ふざけないでくれたまえ。そう思われて、全く当然です。ところが、この辺が歴史の面白いところなのです。

イングランド銀行の設立発起人たちは、まさしく、敢えて政府御用達銀行の役割を買って出ることで、政府や権力からの独立と独自展開力を勝ち取ろうと目論んだのです。王室への資金提供を一手に担うということになれば、限りなく大きな顔が出来ますよね。ザ・シティの中でもそうですし、王室自体に対しても然りです。それどころか、王室はイングランド銀行の資金調達力に頼れば頼るほど、その仕切り人たちに頭が上がらなくなります。そうなれば商人たちは何でも、やりたいことをやりたいように出来てしまう。この地位を確保するためにこそ、ザ・シティのしたたかな住人たちは、王室御用達銀行の設立に立ち上がったのでした。

ここから先が、またまた面白い展開になりました。イングランド銀行の発起人たちは、全く思う壺の展開を享受することになったわけです。ところが、そこには思わぬ代償が伴ったのです。それというのも、彼らは次第にザ・シティ全体としての金融機能の円滑と安泰を保障する管理責任者の地位に祭り上げられていったのです。誰が誰に対してカネを貸していいのか、いけないのか。どこまでなら貸していいのか。どこから先はダメなのか。それらのことについて、ザ・シティを通じて目を光らせる。その役割がイングランド銀行に期待されるようになったのです。親分風を吹かすなら、それくらいの責任は持て、というわけでした。ちなみに、こうした役割、1960年代さんの証言のところで申し上げた日本銀行の窓口指導によく似ていませんか？　日本銀行も、かつて神だった頃は、創成期のイングランド銀行並みに幅を利かせていたわけです。

イングランド銀行にしてみれば、この金融システムの総括管理者としての役割は、かなりうっとうしいものでした。ですが、一方でやりたい放題やりながら、この役割に背を向けるのは、さすがに身勝手過ぎる。自分たちにとっても、あまり金融の輪が野放図に広がり過ぎると、何が起こるか分からない。ここは管理役を引き受けるのが得策だろう。そのような判断に基づいて、冒険的金融集団であるザ・シティの商人銀行家たちは、秩序の管理者たる中央銀行への道に踏み出すことになったのです。こうなれば、当然の成り行きとして、通貨価値の保全というテーマにも気配りをすることになります。こうして、半ば誤算も手伝って中央銀行化したイングランド銀行が、18世紀後半ともなれば、絶大なる力をほしいままにするようになりました。その姿を、我らが大先生アダム・スミスが『国富論』の中で「通常の銀行であるのみならず、国家を動かす一大エンジン」だと評しています。大変なものですね。

成り行きで出来た中央銀行。それがイングランド銀行だといえるでしょう。ですが、だからこそ、イングランド銀行には今日なお、そう簡単に政府のいいなりにはならない独立の気運がただよっています。制度的な独立性が法的に確立したのは1998年のことです。日本銀行と同じ年です。しかしながら、そもそもが自分たちの足場固めという下心あっての御用銀行化だっただけに、政府との距離の取り方には、常に絶妙なものを発揮してきました。ある時は上手い具合に面従腹背を決め込みながら、またある時は敢然と独自の主張を掲げつつ、中央銀行としての責務を果たしてきたといえるでしょう。

もっとも、この神通力も最近はいささか怪しくなってきているといわざるを得ません。グローバル金融の時代に対して、老舗中央銀行はどうすれば名番人としての「ゲーム勘」を取り戻せるか。大きな課題だと思います。

官製ながら頑張ってきた日本銀行

商人銀行家たちの打算的御用銀行づくりが、成り行きで通貨の番人を生み落とした。それがイングランド銀行の形成史でした。それに対して、我らが日本銀行の形成過程は、どう表現したらいいでしょうか。近代国家樹立に必死だった明治政府が、国策的非御用銀行を生み出した。それが日本銀行だ。こんな風にいうことが出来るかと思います。

日本銀行は１８８２年に開業しました。それ以前の段階で、日本国内には「国立銀行条例」に基づいて国から認可を受けて開業した民間銀行が１５０行以上存在していました。これらの「国立」民間銀行に、明治政府は富国強兵・殖産興業のための資金供給機能を委ねたのです。西南戦争が勃発すると、差し迫った戦費調達ニーズも発生しましたから、「国立」民間銀行たちは必死で輪転機をフル稼働させ、紙幣をどんどん増刷することになりました。国立銀行条例が初めて制定された時点（１８７２年）では、明治政府は開業認可を求める銀行に紙幣の金貨や銀貨への兌換性を義務づけていました。ところが、明治政府自体の資金ニーズが前述のような事情で急膨張したため、１８７６年に国立銀行条例を大改定し、民間銀行による不換紙幣の発行が認められるようになったのです。

このままでいけば、歯止めなきインフレ経済化が進み、経済大混迷のうちに明治政府は瓦解していたかもしれません。波瀾万丈の中で、日本が列強のいずれかに植民地化されていたかもしれません。

そのような事態になだれ込むのを回避すべく、乗り出したのが、かの松方正義でした。1881年に大蔵卿に就任し、直ちに財政緊縮と通貨価値の回復に奔走し始めたのです。そして、1882年、松方の差配の下で日本銀行が開業しました。3年後の1885年には、初の日銀券である「大黒札」が発行されました。券面に大黒様が描かれているので、「大黒札」です。大黒札は銀との兌換紙幣でした。日本銀行の開業とともに、従来の国立民間銀行紙幣や政府紙幣などは全て回収整理処分され始め、1899年をもっていずれも通用停止となりました。これをもって、日本銀行が日本国唯一の発券銀行となったのです。

松方大蔵卿は、日銀の開業式に当たって次のようにいっています。

「其地位官民の中間に立ち、非常の特典を有し、能《よ》く全国の貨財を流通し、善く聚《あつ》め善く散じ操縦離合各々其宜を得せしむるの一大機関に当り、(中略)日本銀行なる者は一人一個の私利を謀るものに非ず、公利公益を主眼とし、徒《いたずら》に商業社会の狂濤に揺がされず、卓然屹立して以て一視同仁の義務を尽すべきものなり」

（『日本銀行百年史』第1巻、日本銀行、1982年）

いかがですか？　イングランド銀行の場合とは随分違いますね。イングランド銀行は、民間の思惑で出来た御用銀行として発足しました。それに対して、日本銀行は当初から「官民の中間に立ち」、「公利公益を主眼とし」て行動すべく、時の政府の意向に基づいて設立されたのです。つまり、政府主導で設立されはしたが、お国のための資金調達機関として設立されたわけではなかったのです。それまでの展開の中で、崩れに崩れつつあった通貨価値を立て直す。日本銀行は、このミッションを託されて発足したのです。つまり、当初から通貨価値の番人として機能することを求められていたわけです。そのために、「一視同仁の義務」を課せられたのでした。

かくして、日本銀行は実に立派な動機に基づいて創設されました。ただ、その背景には、国家の威信を確立したいという明治政府の意図が働いていたわけです。その限りでは、ザ・シティの商人たちに戦費調達への協力を呼びかけたイギリス王室の場合と、実はあまり変わらないといえるかもしれません。むしろ、最大の違いは、イングランド銀行があくまでも民側の思惑主導で創設されたのに対して、日本銀行が完全なる官製中央銀行として発足したということです。そのため、実をいえば、日本銀行はなかなか十分には通貨価値の番人として機能しきれない。そのような場面に多くの歴代日銀総裁たちが当面してきた面があると思います。ただし、多くの総裁たちが、政治と政府の圧力に果敢に立ち向かってきた。それは間違いないところだと思います。官製中央銀行であるだけに、彼らの苦労は、ひときわ大変なものだったでしょう。それに対して、元々が商人銀行家たちの野望に基づいて発足したイングランド銀行には、次第に軟弱化しつつあるとはいえ、独立自律のDNAが息づいている。面白いものだと、つくづく思います。

金融と財政は正しき相棒コンビになれるか

さて、本講義もついに最終場面、すなわち第四ステップを迎えることとなりました。第四ステップでは、金融政策と財政政策の関係について考えるのでしたね。この点については、実をいえば第三ステップの中央銀行物語の中で、既にかなり検討済みだといえるでしょう。金融政策は、中央銀行の担当領域です。財政政策は財務省が直接の担当官庁ですが、その背後には、時の政府の意思が強く働いています。したがって、金融政策と財政政策の関係を考えることは、とりもなおさず、中央銀行と政府の関係を考えることに重なります。

ちなみに、日本銀行法第1章第4条に、次のように書かれています。

「日本銀行は、その行う通貨及び金融の調節が経済政策の一環をなすものであることを踏まえ、それが政府の経済政策の基本方針と整合的なものとなるよう、常に政府と連絡を密にし、十分な意思疎通を図らなければならない」

この文言の意味するところは何でしょうか。日本銀行は、その金融政策の遂行において、常に政府の意向に従わなければいけないということでしょうか。そうではありませんよね。ここで面白いのが、「政府の経済政策の基本方針と整合的」という書き方です。「政府の経済政策と整合的」とはいっていない。いやしくも一国の政府である以上、その基本方針はまともなものであるはずだ。そのことを前提に、金融政策はまともな方向性を追求していく。そのように読むことが出来ます。勘繰り過ぎかもしれませんが、なかなか上手な書き振りだと思います。

密な連絡と十分な意思疎通は、当然のことです。政府と中央銀行の間でしっかりコミュニケーションが取れている。これはとても重要なことです。むろん、これは双方向の関係です。どちらかがどちらかに対して、一方的に何かを下知するというような関係ではありません。先の文言の中でも、この点は明快に打ち出されていると思います。

筆者は、常々、金融政策と財政政策の関係は、よく出来た刑事ドラマにおける相棒警官同士の関係に通じると考えてきました。それぞれの長所でお互いの短所を補い合う。長所の相乗効果で1＋1は無限大の問題解決力を発揮する。一方が興奮して突っ走り過ぎれば、他方が冷静沈着に状況を分析する。一方がグダグダ悩み過ぎていれば、他方が中央突破で駆け出してみせる。一方が取調室で机をぶっ叩き過ぎれば、他方が容疑者に対して「かつ丼食う？」と聞いてみる。

この名コンビにおいて、金融警官は、どちらかといえば沈着派、財政警官が行動派という関係でしょうね。財政警官の突っ走りが、例え「基本方針」的にはまともな方向に向かう走りであっても、あまりにも暴走であれば「十分な意思疎通」を図りながら、ペースダウンにつながる策を打っていく。財政警官も、肝心なところで金融警官がバランスを取ってくれると信頼しながら、我が信じる道をひた走る。こんな感じでいければ、金融政策と財政政策は絶妙な相棒振りをもって経済運営に当たることが出来ます。

金融警官がおとなし過ぎて、財政警官の言いなりになるようではいけません。両方とも暴走系であっては、決していけません。両者の間に親分・子分関係があってもいけません。

さて、ここで皆さんに一つご相談があります。どなたか、金融警官と財政警官のコンビを主役に仕立てた刑事ドラマの企画を立てていただけませんか？　「金財コンビの経済事件簿」などというのはいかがでしょうか。次々と発生する経済的難事件を、このコンビが解決していくのです。「日本国倒産前夜」とか「EU消滅：その時日本は」とか……いろんなエピソードが考えられますよね。大ヒット・シリーズになりそうです。配役、どうします？　オープニング・テーマ、どんなのがいいでしょう。構想を膨らませていただきつつ、いよいよ、最後のまとめに取りかかっていきたいと思います。

第14講義

日本経済の今日的風景

豊かさと貧困の重ね絵

さて、本書の集中講義も、ついに最終回に到達しました。集中講義といった割には、かなり長丁場になってしまいましたね。ハードスケジュールをしっかりこなしていただき、有難うございます。

本集中講義は、第3講義までがいわば導入部でした。そこでは、まず、経済的謎解きへの基本的なアプローチと謎解きのための道具立てについて、ご一緒に考えましたね。その上で、第4講義から本格的な経済探訪の旅に出ました。第4講義から第7講義までで、通貨と通商という二つの世界に注目しました。この世界は経済活動の「内と外」を結びつける結節点です。国々の経済は通貨関係と通商取引を介してつながっています。このつながりのあり方を、歴史逆走的に検討したのでしたね。第8講義からは、経済活動の「内」なる世界に視点を移しました。そして、この内なる世界に対して、外付け装置として関わる政府（財政政策）と中央銀行

（金融政策）の役割と機能について考えました。

こうして集中講義の最終回に到達した今、我々の目に日本の経済的風景画はどのように見えるでしょうか。この経済的風景画を、我々はどのように鑑定すべきでしょうか。本講義では、この集中講義の中で仕込んできた謎解き力の腕試しを兼ねて、これらの点について考えてみたいと思います。

筆者が今の日本の経済的風景画を見た時、まず目に飛び込んでくるのが、そこにある大いなる歪《ゆが》みです。バランスが悪い。均衡が崩れている。少しメルトダウンし始めているようにさえ見えます。エドヴァルド・ムンクの大傑作「叫び」の画面が、全体として狂気の歪みを示しているように。サルバドール・ダリの「内乱の予感」の中で、すべてがだらだらぐずぐずと溶解しつつあるように。

今日の日本の経済的風景に歪みと崩れをもたらしている要因は何でしょう。大別すれば、二つの要因があると思います。一に、「豊かさの中の貧困」。二に、「マイナス金利がもたらす地下化」です。順次、問題の性格を解析していってみましょう。

「豊かさの中の貧困」問題は、かなり以前から日本の経済的風景を歪曲《わいきょく》させてきたと思います。筆者が日本についてこの問題を意識し始めたのは、ちょうど21世紀に足を踏み込み始めた頃のことです。日本企業がグローバル競争の中で生き残り、勝ち残ろうと必死になる。そのことが、人々に対する選別と差別の深化をもたらす。新自由主義的な行動原理が、人々の切り捨てと格差の固定化をもたらす。そんな状況が深まる中で、世界有数の豊かさを誇る国の富が、その経済風景の一部にばかり集中する。一方で、その富の集中エリアからはじき出された人々は、どんどん貧困の淵に追い込まれていく。むやみと株式市場が出しゃばって前面に出てくる。高級食材だの高級マンションだのが、妙によく売れたりする。だが、そんな狂騒のただ中で、6人に1人の子どもがお腹いっぱいご飯を食べられなくなっている。そんなとんでもない状況が、今の日本の風景画の中に顔を出しているのです。

全体として見れば、この風景は豊かさの風景です。しかしながら、ぐっと画面前方に顔を突き出した豊かさに押しのけられながら、「豊か絵」の片隅では、「貧困」が頭《こうべ》を垂れてうずくまっている。まるで二つの全く違う絵が重ね貼りされて、二重写しになっているようです。きらびやかな豊かさの背後から、悲しい貧困の色が滲み出ている。

このような歪みが発生してしまった時こそ、経済政策という名の外付け装置は、その本領を発揮しなければいけません。なぜなら、この外付け装置には、二つの重大な使命が託されています。使命その一が均衡回復。その二が弱者救済です。そして、この両者の間には、切っても切れない一体性があります。

使命その一の均衡回復は、ここでテーマとしている歪み問題に直結する命題です。経済活動の均衡が崩れて、そこに何らかの歪みが生じた時、その歪みを矯正して、バランスのいい経済状態を復元する。それが経済政策の均衡回復機能です。豊かさの中の貧困は、まさしく、不均衡問題です。富の偏在という大きな歪みが経済活動の中に根を下ろしてしまった。その時、この毒草を根こそぎ引っこ抜いて根絶やしにする。今の日本においては、これが経済政策に託された大きな仕事です。経済政策がこの仕事に立ち向かうということは、とりもなおさず、その第二の使命すなわち弱者救済に取り組むことを意味しています。これは自明ですよね。豊かさの中の貧困という経済活動上の歪みを解消出来れば、その犠牲者である弱者たちを救済することが出来るわけです。

もう少し一般論的な観点から考えても、経済政策の二つの使命には不可分の表裏一体性があります。経済活動の均衡は様々な崩れ方をします。例えば、すさまじいインフレになったり、厳しいデフレに陥ったりします。いずれも、経済活動のバランスが大きく崩れた姿です。そして、このいずれの場合においても、この均衡崩壊に伴って、いの一番に、そして最も深く傷つくのが弱者たちです。激しいインフレの下では、生活物資の値段がどんどん上がってしまいます。そうなれば、貧困世帯の人々や低賃金に甘んじることを強いられている非正規雇用者たちの生活は、直ちに行き詰まってしまいます。厳しいデフレは賃金の絶え間ない低下と雇用機会の縮減をもたらします。このような環境もまた、弱者たちの生活を深く傷つけ、どんどん追い詰めていきます。

こうして、インフレもデフレも、弱者たちの生活を痛めつけます。生活が痛むということは、最終的には生命の危機にもさらされることを意味します。かくして、経済活動の均衡が崩れると、弱者たちの命が脅《おびや》かされることになります。だからこそ、経済政策は経済活動の均衡保持に全身全霊を投入しなければならないのです。

このような重大使命を担う経済政策にとって、今の日本の状況は、大いにその本領発揮が求められるものです。経済政策の担い手たちは、出番到来ということで、緊張感を高めつつ、弱者たちの痛みに自分たちも胸を痛めつつ、同時に腕が鳴る思いに高揚していて然るべきところです。ところが、今の日本の経済的風景の中には、どうも、そのように張り切っている経済政策の姿が見当たりません。やたらと成長して、やたらと大きくなる経済の構築ばかりに固執している。むしろ、その政策姿勢そのものが豊かさの中の貧困を助長する方向に働いている。それが今の日本の経済的風景だ。筆者の目には、そのように見えます。

強くて大きい経済ばかりを追求する観点からは、弱者は足手まといな存在にしか見えません。彼らを救済するために精力を費やしたくはない。ひたすら、強い者をより強くし、大きなものをより大きくすることに専念したい。それが、強い国家づくりのために強い経済づくりに専念しようとする経済政策のスタンスです。このようなスタンスを取ってしまった時、経済政策はもはや経済政策ではなくなってしまいます。今の日本の経済的風景の中において、経済政策は、いつのまにか、別の外付け装置に取って代わられてしまっているようです。この怪しげな新外付け装置を何と名づけるか。さしづめ、「富国強兵マシーン」というところでしょうか。

地下に消えゆく日本の経済風景

２０１６年1月、日銀は政策委員会の政策決定会合でマイナス金利の導入を決定しました。具体的な導入方式については、ここで細かく説明し出すと長くなってしまいますので、日銀のホームページでご確認下さい。簡単にいえば、民間金融機関が日銀に預けている当座預金の一部について、マイナス０・１％の金利をつけることにしたのです。言い換えれば、対象となる預金高に対しては０・１％の手数料を日銀が民間金融機関から取り立てるということです。

マイナス金利政策というのは、要するにおカネを貯めておくと罰金を取られて、おカネを借りるとご褒美がもらえるという仕組みです。このようなやり方を取ることで、すっかり動きが止まってしまったカネを再び稼働させる。それがマイナス金利政策の狙いです。カネは天下の回りものであってこそ、経済活動を支えることが出来るわけですから、この考え方自体には、それなりの正当性があるといえるでしょう。少なくとも、理屈は通っています。

しかしながら、マイナス金利政策が、どのような状況の下でも、必ず凍りついたカネを解凍出来るとは限りません。今の日本の経済的風景画は、豊かさと貧困の重ね絵だと申し上げましたよね。ただ、ひとまず「豊か絵」の方に描き込まれている人々も、その全部が左《ひだり》団扇《うちわ》の贅沢ライフを送っているわけではありません。多くの人々が必死で生活を守っている。延々と続くゼロ金利と量的緩和の世界の中で、我々の預貯金が稼ぎ出してくれる金利は、ほぼ無いに等しい状況になっていました。こうなってくると、我々の先行き不安は高まる一方ですよね。預貯金に2〜3％でも金利がついていれば、何とかそれを生活の足しにしていくことが出来る。ところが、金利が概ねゼロということになると、貯金を食い潰しながら生きていくことになる。そうなると、貯金は当初考えていたよりもっと増やしておかなければいけなくなる。こうした至極当然の発想が働いて、日本人たちは、事実上のゼロ金利状態が長引けば長引くほど、貯金を増やしてきたのです。

そこに持ってきて、今度はマイナス金利だという。自分たちの日銀当座預金にマイナス金利を課せられたことに伴って、多くの民間金融機関は直ちに預貯金金利をさらに引き下げました。自分たちの預金に手数料がついて、資金コストが上がってしまった。その分をどこかで節約しないといけない。だから、自分たちがお客様に支払う預貯金金利を下げたわけです。金融機関側とすれば、自己防衛対応です。それを責めても仕方がありません。政策責任者たちの側からすれば、そんなことをしないで、マイナス金利がついた分の当座預金を引き出して、貸し出しに回して欲しかったところです。ですが、今の日本にそんな資金需要はありません。あるとすれば、かなりリスクの高い借り手の需要です。そうそう貸し出しを増やせる環境ではないのです。そこで、預貯金金利を下げざるを得ない。

かくして、我々の預貯金が生み出す金利は、もはや薄造りにさらにカンナをかけたような状態になってしまいました。ひょっとすると次は預貯金にもマイナス金利、すなわち罰金がつくことになるのか？　まさかと思いつつ、人々の頭をこの不安がよぎるようになってきました。

さて、この不安でいっぱいの新たな金融環境に人々はどのように反応したか。三つの現象が発生しました。第一に、金庫が爆発的に売れた。第二に、百貨店友の会への加入者が急増した。第三に、金投資が大いに盛り上がる展開になりました。これら一連の行動について、多くの説明は必要ありませんよね。金庫が売れたのは、金利が薄造りのカンナかけ状態となり、ひょっとするとマイナスになるかもしれない預貯金口座から、人々がカネを引き出して手元に隠し持つことにしたからです。百貨店友の会への加入者が増えたのは、実はこれがとても高利回りの投資であることに、人々が気づいたからです。何しろ、1年間、毎月定額を積み立てれば、その1カ月分相当の商品券やプリペイドカードなどがボーナスとしてもらえるのです。利回り換算すれば、大変な高利回りですよね。金投資については、これぞ説明を要しません。せっかく金庫に収めた現金も、例えばその通貨が人々の信頼を失ったり、権力による強制的な通貨の切り替えなどで、紙切れになってしまっては元も子もありません。そのようなことになっても一文無しにならないようにしたい。自分の資産の価値を守りたい。そのように考える人々が、金《カネ》を金《キン》に換えるわけです。

こうして、人々の預貯金口座から引き出されたカネが、金庫の中にしまい込まれたり、百貨店友の会の会員権に化けたり、金に変身したりしていく。マイナス金利政策がもたらしたこのような現象を、筆者は「日本経済の地下化」と名づけることにしました。

経済用語に「地下経済」というのがあります。一般的な経済統計では捕捉出来ない経済活動のことです。最も典型的には、ヤクザのお兄さんたちの間で茶封筒などに入れてやり取りされる現金などがそれに当たります。領収書などでその足取りを追跡することが出来ない経済活動。地下経済とは、そのような経済です。その意味で、この言葉には、どうしても一定のいかがわしさや怪しげな色彩が伴いがちです。もっとも、主婦の家事労働は経済統計の中に算入されません。立派に価値を生み出す活動なのに、それとして計測されない。この場合は、本来、立派に地上化されるべきものが、地下に潜り込むことを強いられているわけです。その意味で、すべての地下経済が怪しげだとはいえないのですが、この辺に踏み込むと話がずれます。

「消える絵」と化す風景画

それはともかく、今、日本で起こっていることが、筆者には一種の地下経済化だと思えるのです。決して、日本の善良なる市民たちがヤクザ化しているというわけではありません。そうではなくて、ゼロ金利政策に追い詰められた人々の自己防衛行動が、人々の経済活動を地下に追いやっている。そのように見えるのです。現金が金庫の中に消えていくのも、百貨店友の会の中に姿を隠すのも、一種の地下経済化だといえるでしょう。金《カネ》で金《キン》を買った人々がその金《キン》を壺に入れて穴を掘って埋めれば、これぞ文字通りの地下化ですよね。

かくして、今日の日本の経済的風景画は、豊かさと貧困の「重ね絵」であると同時に、その一部が次第に地下に引き込まれていく「消える絵」とも化している。筆者の鑑定はこのようなものです。

ここで、あともう一つだけ、考えておくべきことがあると思います。この集中講義の旅にお付き合いいただいた皆さんであれば、恐らく、同じ思いを抱かれていることでしょう。それは、そもそもなぜ、人々を地下に追い込むようなマイナス金利政策が、この時点で導入されたのかということです。その理由は二つ考えられます。第一に、他に出来ることがなくなったから。第二に、日本銀行もまた、実は別の名の外付け装置に入れ替えられてしまったから。

第一の理由は比較的理解しやすいものです。ゼロ金利がダメで量的緩和に切り替えた。それもダメなら、残されたオプションはマイナス金利しかありません。追い詰められた金融政策の最後の手段。それをついに採用せざるを得なくなった。だが、その時、もはやマイナス金利政策はその有効性の損益分岐点を超えていた。だから、カネが天下を回り始めるどころか、ついに地下に潜っていくことになってしまった。

第二の理由はかなり怖いものです。これが理由である場合、日本銀行は何という名の外付け装置に入れ替えられたことになるでしょうか。その名は「日本国破綻隠蔽マシーン」とでもいうべきところでしょう。マイナス金利政策が浸透すれば、国債の利回りもマイナスになります。そうなれば、国債を買った人々は、日本国から利子をもらえるどころか、日本国に対して利子を払ってあげなければいけないことになります。国債を保有させていただくことに対して、国債保有者が日本国に謝金を払わなければいけないわけです。こうなれば、日本国の巨大な借金問題は急に解消に向かうことになりますよね。もしも、これがマイナス金利導入の本当の狙いだったとしたら、日本の経済的風景画は、歪んだ風景画どころではありません。ただひたすら真っ黒で、何がどうなっているのか、いくら凝視しても、見透かすことの出来ない暗黒の「騙し絵」と化してしまいます。

もっとも、そんな黒塗りの絵が出来上がってしまう前に、経済活動に内在する自己浄化作用が作動して、まともな経済的風景に向かって我々を引き戻してくれるかもしれません。人々が自衛のために引き起こしつつある地下化の動きこそ、この自己浄化作用の一つだといえるでしょう。また、ここに来て、民間金融機関が国債を買い増すことを少しためらうようになってきました。いうまでもなく、国債を持たせていただくために政府に御礼を支払うことがイヤだからです。

知らないうちに設置されてしまった怪しい外付け装置のおかげで、日本の経済的風景画が黒く塗り潰されてしまうのか。それとも、経済風景に内在する自己浄化装置が勝利するのか。なかなか、のっぴきならない場面に来ています。この集中講義を優秀な成績で修了された皆さんのお力添えを得て、自己浄化作用が勝利を収めることを祈りつつ、確信しつつ、講義を終えることとしたいと思います。

あとがき

集中講義というのは、一気呵成《かせい》に運ぶから集中講義という。そのはずです。ところが、本書の集中講義は、そのカリキュラムの完成にいたるまで、随分と時を要してしまいました。これは、もとより筆者の時間管理能力の低さに起因することです。この点について、弁明の余地はありません。

ただ、この少し進んでは止まり、前進しては滞る旅の中で、筆者は改めてことのほか多くのことを発見させていただきました。手間暇をかけて、基礎的部分を掘り起こせば掘り起こすほど、経済的謎解きは核心に迫る。経済的風景画の鑑定は面白くなる。絵の中の絵。絵の背後の絵。色々なものが見えてくる。この感覚を少しでも、ここまでご一緒いただいた皆さんにも味わっていただけていればと祈っています。そうであれば、これほど嬉しいことはありません。もっとも、一つの謎解きは、また次の謎の発見につながります。近々、また次の旅にお付き合いいただければ、それが一番嬉しいことです。

集英社クリエイティブの中村俊介さん、山見勝彦さんには、ここまで漕ぎ着けるプロセスを実に超人的忍耐力をもってお支えいただきました。随分と、胃が疼く思いを強いてしまいました。健康を著しく害されたりしていないことを祈るばかりです。増澤健太郎さんにも、この集中講義づくりの当初から大変お世話になりました。お三方に、ただひたすら深謝申し上げるばかりです。

2016年9月

浜　矩子

著者プロフィール

浜 矩子 はま・のりこ

1952年生まれ。
一橋大学経済学部卒業。
75年、三菱総合研究所入社以後、
ロンドン駐在員事務所長兼駐在エコノミスト、経済調査部長などを経て、
2002年より同志社大学大学院ビジネス研究科教授。
専攻はマクロ経済分析、国際経済。
主な著書に『中国経済 あやうい本質』(集英社新書)、
『さらばアホノミクス 危機の真相』(毎日新聞出版)、
『EU消滅 ドイツが世界を滅ぼすか?』(朝日新聞出版)ほか多数。

イラストレーション 早川世詩男
ブックデザイン 鈴木成一デザイン室

浜《はま》矩子《のりこ》の歴史《れきし》に学《まな》ぶ経済《けいざい》集中《しゅうちゅう》講義《こうぎ》

2016年11月9日　第一刷発行

著者　浜《はま》　矩子《のりこ》

発行者　茨木政彦

発行所　株式会社　集英社
〒101-8050　東京都千代田区一ツ橋2-5-10
編集部03(3230)6141
読者係03(3230)6080
販売部03(3230)6393(書店専用)

印刷所　図書印刷株式会社

製本所　ナショナル製本協同組合

定価はカバーに表示してあります。

 ISBN978-4-08-781564-1 C0033